休日慢旅 · 能量無限

放自己一個漫慢假期 · 漫晃步履 · 慢心滿意

魚力
魚力
魚力
祝鯛
美味
はも御飯
お食事処
錦魚力
はも照焼
福を招く
天然
祝鯛
錦魚力
はも照焼
錦魚亭
美味
はも御飯
魚力

世界遺產下鴨神社的「糺之森」裡還保留著未經破壞的原生林，是很有名的能量景點（P2）／包括鴨川在內，有很多條河流經京都（P3）／朝氣蓬勃的錦市場是當地從主婦到專業的廚師都仰仗的『京都廚房』（P4）／一提到京都觀光，就會想到清水寺這個風景名勝（P5）／鴨川的納涼床是夏天特有的風情畫，河岸上有很多人在乘涼（P6）

018

055

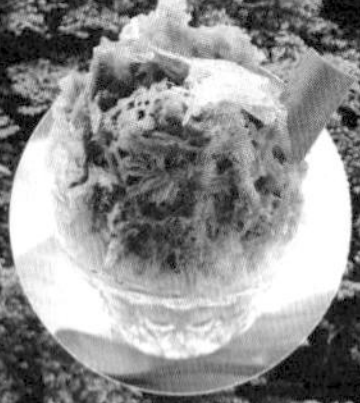
063

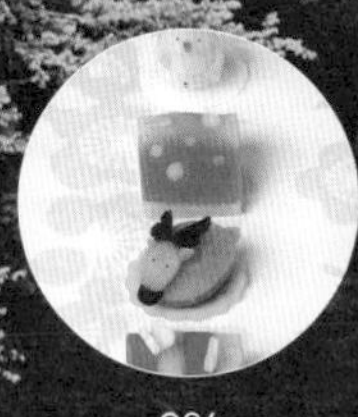
096

097

115

128

符號標示 電話 MAP地圖 地址 交通 費用 營業時間 公休日 座位數 停車場

地圖標示 觀光景點・玩樂景點 散步 用餐 咖啡廳 酒吧・居酒屋 伴手禮店・商店 住宿設施 純泡湯 休息站 禁止通行

SCENE 1
@PASS THE BATON KYOTO GION

— ぱす ざ ばとん きょうとぎおん —

1

創造出物品的價值，新感覺的店家們

這些商店洋溢著洗練的氣氛，沒想到是二手商店！店內不只有中古貨，也有與傳統工藝合作的作品、廢物利用的商品等等，應有盡有。為只有一點細微的傷痕或污漬而被丟棄的產品印上商標，藉此創造出新價值的風格，可以充分體會到為沉睡的物品注入生命的「價值創造」。商店附設的咖啡廳「お茶と酒たすき」裡瀰漫著悠閒舒適的氣氛。也有很多年代久遠的古董茶具，如果有喜歡的作品也可以購買。這種銷售方式也很有趣吧！

RECOMMENDED BY

SOU・SOU製作人

若林剛之先生

2002年成立SOU・SOU。以「創造出新的日本文化」為設計概念，發展出原創的紡織品。

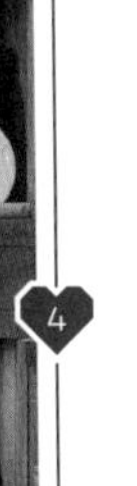

STYLISH SHOP×
MODERN CAFE

1 重新打造位於祇園傳統建築物保留區，屋齡120年的町家

2 上頭有原創商標的糖蠟色和蠟燭5枝一組1620日圓

3 可愛的minä perhonen再製餐具1998日圓

4 餐具及首飾等小東西當然不用說，也有腰帶及和服等高檔貨

5 每一樣商品都附有寫著典故的小卡片

6 在「お茶と酒たすき」裡邊喝下午茶邊眺望平靜的白川

7 使用了精挑細選茶葉的焙茶蜜刨冰，附黃豆粉練乳1188日圓

8 店家自創的特調茶（煎茶與日本柚子）756日圓的香味十分柔和

9 與老字號kanaami-tsuji合作的胸章KANAAMI JEWELRY 17280日圓

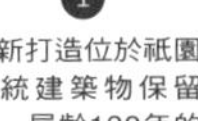

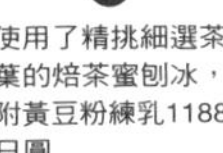
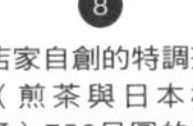
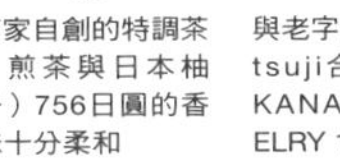
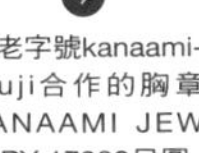

（祇園・河原町）

ぱすざばとん きょうと ぎおん

PASS THE BATON KYOTO GION

以「珍惜現有的東西，創造出新的價值」為設計概念的商店。店裡陳列著附有製作者的大頭照及個人簡介的再製品。附設的咖啡廳「お茶と酒たすき」白天是咖啡廳，晚上是酒吧。

☎075-708-3668 MAP附錄P12D3 ⌂京都市東山区末吉町77-6 京都祇園四条站步行2分 11:00～20:00（週日、假日為～19:00）※お茶と酒 たすき為咖啡廳時段11:00～19:00、酒吧時段20:00～翌日4:00 休不定休 席30（お茶と酒 たすき）P無

SCENE 2

@Salon de KANBAYASHI 上林春松本店

— さろんどかんばやし　かんばやししゅんしょうほんてん —

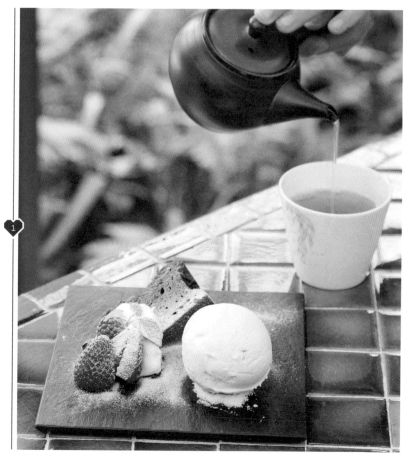

1

RECOMMENDED BY

詩仙堂

石川久美繪女士

相傳石川丈山在此度過餘生的曹洞宗寺院—詩仙堂（→P127）第14代住持的女兒。現在負責接受寺院的參觀申請。

讓人察覺到『輕鬆喝茶』的樂趣

如果想要不受時間限制，慢條斯理地品茶…我會選擇這家店。這家利用「Akagane Resort京都東山1925」裡頭的倉庫改建而成的咖啡廳，走在流行的尖端，洋溢著私房景點般的氣氛。一踏進店裡，就會讓人忘卻日常的喧囂，想要一直坐下去。

讓如此優雅的時間變得更加優雅的是宇治茶的老字號上林春松本店的優質茶。採取自己用茶壺泡茶的飲用方式，具有多層次的風味，而且清爽迷人，十分好入喉是其特徵。改變了我從小到大對日本茶的印象。現在我在家也都用茶壺泡茶，已經完全臣服在日本茶的魅力之下了！

玉露
端玉

煎茶
原味特調

煎茶
當季好茶・喜撰

(清水寺周邊)

さろん ど かんばやし かんばやししゅんしょうほんてん

Salon de KANBAYASHI 上林春松本店

創業450年之久的老字號宇治茶舖上林春松本店設計的咖啡廳。工作人員會傳授如何泡出好喝的茶，讓人感覺到與日本茶的距離很近。將建於大正時代的宅邸重新翻修的空間也很雅緻。

☎075-551-3633 MAP 附錄P14D3
京都市東山区河原町通高台寺塔之前上ル金園町400-1 市巴士站京都駅前搭206系統19分，東山安井下車即到 11:30～17:00 休 週二(週六、日、假日為不定休) 席18 P無

1 抹茶的巧克力蛋糕500日圓。與飲料搭配成套餐可折100日圓

2 露天座位區的四周圍也都是建築物，可以忘記市街的喧囂

3 洋溢著木頭溫暖的兩層樓空間裡，裝飾著銅製裝飾品

4 綠意盎然的走道上也充滿了洗練的日式摩登氣氛

5 改建自建造於1925（大正14）年的宅邸。穿過那扇門即為咖啡廳

6 馥郁的茶香與風味是最高級玉露的特色。1100日圓

7 只使用宇治茶的知名產地和束的茶葉，非常順口的煎茶。750日圓

8 每個季節都會供應當季的煎茶。喜撰在10～12月前後提供。750日圓

9 突顯出抹茶圓潤溫和的風味和淡淡苦澀的抹茶白玉紅豆湯600日圓

10 以唐草與音符為描繪主題的波佐見燒原創茶具也很可愛

SCENE 3

@D&DEPARTMENT KYOTO by京都造形藝術大學

— でぃ あんど でぱーとめんと きょうと ばい きょうとぞうけいげいじゅつだいがく —

1

去佛寺買生活用品，真是太妙了！

最近讓我很感興趣的是以「永續設計」為概念，推廣到全國的D & DEPARTMENT，居然是開在佛光寺境內的商店。著重好的東西要長久使用的經營理念，與目前的消費社會大相逕庭的概念，令我深有同感。

店內陳列著飯碗及飯桶、水桶……等京都人長久以來愛用的日常用品及散發著傳統工藝技術光芒的產品。讓人感受到工匠手藝之巧的商品，無一不讓人看到入迷，忘了時間的流逝。可以一面享受購物的樂趣，感受難以想像是在鬧區附近的寂靜。

RECOMMENDED BY

田村照相館

田村泰雅先生

以手作市集為中心展店，專門外拍的手洗黑白相片照相館的老闆。著有《京都的手作市集》（青幻舍出版）等書。

PRODUCTS OF KYOTO

四条、河原町周邊

でぃ あんど でぱーとめんと きょうと ばい きょうとぞうけいげいじゅつだいがく

D&DEPARTMENT KYOTO by 京都造形藝術大學

由設計師長岡賢明先生擔任教授的京都造形藝術大學加入經營團隊，陳列著學生們去拜訪工匠，挖掘出的「京都好東西」。也附設有介紹由學生企畫、收集商品的藝廊及咖啡廳。

☎075-343-3217 MAP 附錄P11B3
京都市下京區高倉通佛光寺下ル新開町397 本山佛光寺內 地下鐵四条站步行6分 10:00～18:00（咖啡廳為11:00～） 休 週三（逢假日則翌日休） 席32 P無

1 店面曾經是稱之為和合所的僧侶宿舍，為重要文化財

2 鈴木松風堂的明信片盒2160日圓、鉛筆盒1944日圓。和紙的風味很吸引人

3 也可以當包包的大方巾。山田纖維的cochae垂墜式大方巾1條1620日圓

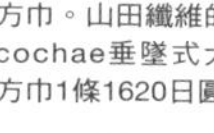

4 京都的產品陳設在店中央，周圍則是來自國內外的商品和書

5 飯尾釀造的富士醋PREMIUM純米的滋味發揮到淋漓盡致，1瓶1512日圓

6 充分發揮工匠手藝的高野竹工的麻竹四方形漆筷22.5公分1組2009日圓

7 設計主題，介紹全國各地產品的每月物產區

SCENE 4

@CACAO MARKET BY MARIEBELLE

—かかおまーけっと ばい まりべる—

1

2

RECOMMENDED BY

接案編輯、記者、設計師

佐佐木步女士

從和服及傳統工藝到餐飲店，採訪、撰寫與京都有關的事物。活躍於雜誌及書籍、專門刊物等各個領域。

只有京都才買得到，犒賞自己的巧克力♪

第一次吃到MARIEBELLE的巧克力，是收到朋友送的禮物。趁著工作的時候淺嘗一口，沒想到好吃得停不下來，轉眼之間就吃完了……♪ 從此以後，每完成一次重大的工作，我就會買來犒賞自己。

店本身也很漂亮。在精緻得像國外的店內，手工巧克力琳瑯滿目的模樣令人興奮不已。千萬不能錯過「祕密的咖啡廳」！位於沒有索引號碼就打不開的祕密門扉另一邊的咖啡廳，打造成像是努力研究焙烘的天使的書房。不妨邊聆聽白川的潺湲水聲，邊享用巧克力，度過美好的時光。

1 外觀和口味皆琳瑯滿目的巧克力，很適合買來送人

2 展示櫃裡陳列著秤重販賣的巧克力。不愧是「MARKET」

3 米果外裹著巧克力的貝殼巧克力80克1080日圓

4 各種口味的巧克力球（橢圓罐）250克，3456日圓

5 店內中央鎮座著3個天使注入巧克力的瀑布擺設

6 在咖啡廳裡享用熔岩巧克力蛋糕1080日圓和熱巧克力864日圓

7 秤重販賣的巧克力有13種，可以只買自己需要的量。100克，1080日圓～

8 咖啡廳打造成天使的書房，可以找找藏在裡頭的天使

9 綜合巧克力禮盒3240日圓。是很受歡迎的組合

祇園周邊

かかおまーけっと ばい まりべる

CACAO MARKET BY MARIEBELLE

號稱「世界上最好吃的巧克力」，在紐約深受許多知名人士喜愛的MARIEBELLE副牌。除了秤重販賣的巧克力以外，馬卡龍及蛋糕、冰淇淋等等也一應俱全。還有該店原創的巧克力。

☎075-533-7311 MAP 附錄P13C3
京都市東山区常盤町165-2 京阪祇園四条站即到 11:00～20:00 休週二 席14 P無

SCENE 5
@petit à petit
— ぷてぃ た ぷてぃ —

1

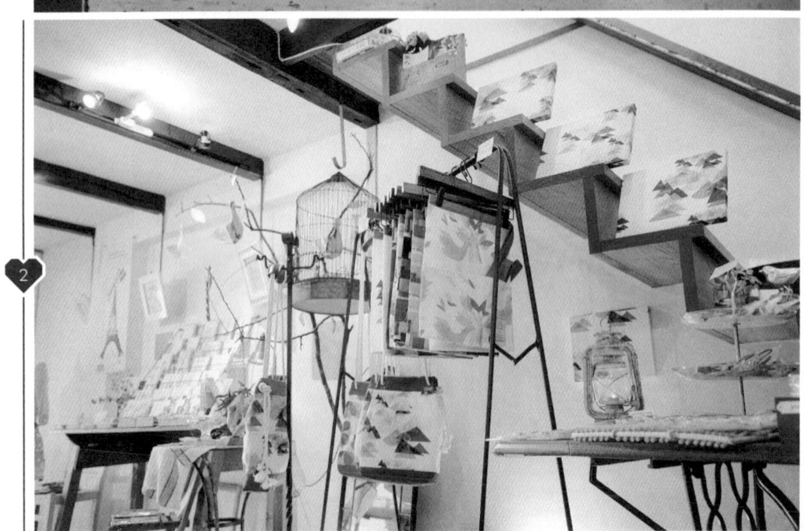

2

RECOMMENDED BY

京都觀光招待大使、
內在美顧問
頭川展子女士

以京都觀光招待大使的身分宣傳京都的魅力。同時也是內在美顧問，從事與美容健康有關的演講活動。

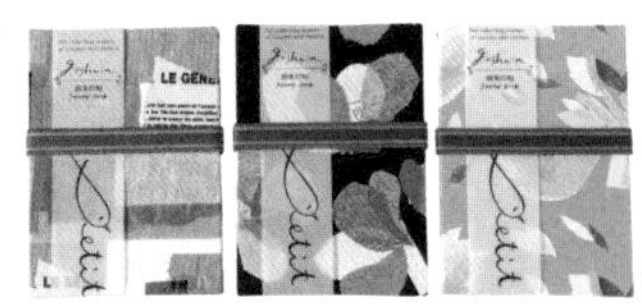

在御所南發現，充滿巴黎感的織品店

京都雖然給人日式雜貨的印象，但這家店略有不同，店裡的雜貨顏色十分鮮艷。融合了日式的主題與巴黎的精神，使用了漂亮花紋的原創雜貨有蛙嘴錢巴及抱枕、文庫本書套等等，很容易運用在日常生活中，全都是一些可愛的小東西。

其中我最喜歡的是描繪著鳥類圖案的布。彷彿帶來幸福的青鳥，讓房間為之一亮。還有一種用描繪著京都的山和鴨川的布「Les Montagnes」製成的系列，我也很喜歡。富有深意的設計，彷彿會誕生出故事及概念，傳遞出製作者的溫暖心意。

1 圓滾滾的蛙嘴錢包很討人喜歡，大1個2376日圓、小1個1836日圓

2 以屋齡150年的町家改建而成的店內，陳列著各式各樣的商品

3 托特包1個6264日圓。描繪著廣澤池蓮花的Le Fleurs花紋

4 在京都的印刷工廠裡一本一本細心印製的御朱印帳。1本2808日圓

5 以鳥為設計主題的Loiseau圖案的陽傘1把21600日圓，配色十分柔和

6 店內畫龍點睛地運用了古董雜貨，讓人感覺到巴黎的精神

7 店面與古色古香的町家與商店林立的寺町通氣氛融合為一

8 也有描繪著中村雪的插圖的明信片。1張162日圓

9 低反彈，很舒服的Les Montagnes花紋的腰墊1個3780日圓

京都御所周邊

ぷてぃ た ぷてぃ

petit à petit

由紡織印刷品專家奧田正廣先生與插畫家兼作家的中村雪小姐共同催生的紡織品牌＆商店。以「一樣一樣仔細做出留在心裡的東西」為設計概念，發揮京都技術的高級產品一應俱全。

☎075-746-5921 MAP附錄P6D2
京都市中京区寺町通夷川上ル藤木町32 地下鐵京都市役所前站步行6分 11:00～18:00 休週四 P無

繼續看下去

ANOTHER

我最愛的

熱愛京都的5位旅遊達人
精采景點，說不定能發現

Q1
SPOT
在京都最喜歡的地方是哪裡？

Q2
GOURMET
非吃不可的美食是？

Q3
HOT NOW
現在最受矚目的旅遊主題・景點是什麼？

A1 下鴨神社是代代相傳的遊樂場

小時候，在神社裡奔跑、在附近打棒球……對我而言，簡直就像院子一樣的地方。糺之森的參道上長滿了茂密的原生林，是充滿負離子的能量景點，在這裡散步很舒服喔（下鴨神社→P128）。

A2 Yuukeisarondote的雞蛋三明治!

由俵屋旅館企畫的Yuukeisarondote（→P60）。最有名的蕨餅美味自不待言，我覺得雞蛋三明治也特別好吃。裡頭夾著有如炒蛋般，鬆鬆軟軟的雞蛋。容器和庭院的景色也很漂亮。

A3 老字號鱗次櫛比的和菓子店巡禮

雖說都是和菓子，但種類非常豐富。有師傅親手製作的當季生菓子和使用了宇治抹茶的點心等等，特別富有京都的風味。正是因為京都有很多京菓子司的名店才能享受的主題！

SOU SOU製作人
若林剛之先生

A1 在京都的地標鴨川喘口氣

林立著納涼床的四条河畔固然也不錯，但我最喜歡的是出町柳及丸太町周邊（MAP 附錄P8E4周邊）鴨川沉靜的氣氛。尤其是春天的滿樹櫻花更是壯觀，樹幹都很粗壯，震撼力十足。若想暢遊洋溢著當地感的鴨川，請前往此處。

A2 顛覆辛辣的印象「素夢子 古茶家」

顛覆「韓國菜＝辣！」的印象，感覺煥然一新的韓國咖啡廳（☎075-253-1456 MAP 附錄P11A1）。有道地的藥膳粥及韓國的傳統茶等等，使用了大量蔬菜的養生菜單一應俱全。宛如私房景點的氣氛也很迷人。

A3 數量首屈一指！逛麵包店

由於是麵包消費量全日本第一的城市，從街上的名店到位於郊外，內行人才知道的店，京都有很多值得推薦的麵包店。不光是常去的店，發掘新的店也很有樂趣。

詩仙堂
石川久美繪女士

SCENE

其他京都風景

在此分享更多更深入京都的玩樂方式與全新的魅力與旅遊方式喔！

A1 去大文字山充電

大文字山在天氣好的日子可以將京都市內盡收於眼底，也可以讓心情轉換一下（MAP 附錄P2D3）。登山時，不分男女老少，都會彼此打招呼：「你好！」我覺得這樣很好。

A2 麵包店烤的麵包

幾乎每條街都有一家麵包店，京都是個有很多麵包店的城市。每一家的麵包都充滿麵包師傅的講究與堅持。請務必邊散步，邊找出自己中意的麵包店，細細品嘗。

A3 神社及公園的手作市集

定期在歷史悠久的神社及寺廟、公園等地舉辦的手作市集（→P86）。可以接觸到食物及雜貨等手工製的產品，也可以直接見到製作者，聊得很開心再買東西，很吸引人。

田村照相館

田村泰雅先生

A1 位於山區的閑靜社寺

有時候會情不自禁地想要造訪蓋在山區的社寺。庭園及景色當然不用說，還可以在神聖的場所呼吸清爽怡人的空氣，審視陷入煩惱、悶悶不樂的自己，讓身心都煥然一新。

A2 熱呼呼的湯豆腐！

吃了好幾次都還想再吃的湯豆腐。也是在可以欣賞日本庭園的店裡及寺廟享用。一面感受季節的遞嬗，品嘗京都獨特的柔軟湯豆腐，沉浸在其他地方體會不到的極樂片刻裡。

A3 我也在收集熱門的御朱印巡禮

最近很流行御朱印巡禮。我也從前幾年開始收集御朱印，最近終於收集到第二本。私下自不待言，出門工作的時候，也隨時帶著走，只要時間允許，就會去蓋一下。

接案編輯、記者、設計師

佐佐木 步女士

A1 感受日本傳統的東山

神社佛閣及歷史悠久的街道當然是如此，穿著和服走在路上的藝舞妓及無數風格十足的商店等等，日本的傳統文化之美都濃縮在京都，是我最嚮往的城市！（※東山≒清水寺高台寺周邊）

A2 果然還是不能錯過京都料理

請務必品嘗能帶出食材美味的優雅高湯及傳統的京都蔬菜。此外，讓來訪的人感到心曠神怡，距離拿捏得恰到好處的待客之道也是只有在京都才能感受到的獨特文化。

A3 在美容業界掀起話題的北山

在從小孩到大人都能玩得很開心的北山（北山站→MAP 附錄P8D2），陸續開了很多可以讓人從內在開始變美的時尚咖啡廳，及講究的化妝品店、藥用護膚沙龍。以養顏美容的地區，受到愛美人士的注目。

京都觀光招待大使、內在美顧問

頭川展子女士

Check

從地圖瀏覽京都

從哪裡玩起好？ 我的私房旅行

在規畫行程前，請先確認每個地區的特徵。

從三大熱門景點的清水寺、祇園、嵐山開始，將京都的觀光景點大致分成七個區域。

1 金閣寺的樓閣外觀貼有約20公斤的金箔 2 表示禪心的龍安寺石庭學世聞名

拜訪三個世界遺產與學問之神

きんかくじしゅうへん

金閣寺周邊

將金閣寺、龍安寺、仁和寺等三個世界遺產連在一起的區域。只要再走遠一點，還可以前往以學問之神聞名的北野天滿宮。

參觀建立起京都歷史的大舞台

にじょうじょう・きょうとごしょしゅうへん

二条城·京都御所周邊

由德川家康建造的元離宮二条城及曾經貴為天皇居所的京都御所等歷史舞台是主要看點。京都御苑也成了當地人的休閒場所。

以絢爛豪華的裝飾聞名的二条城二之丸御殿

渡月橋的木造欄杆融入雄偉的嵐山裡

自然與社寺的融合很美 京都首屈一指風景名勝

あらしやま・さがの

嵐山·嵯峨野

風光明媚的嵐山將可以窺見四季不同表情的自然融合到社寺裡，美不勝收。一面接受風景的撫慰，一面到處品嘗美食、尋找京都伴手禮等等，享受散步之樂。

在京都站尋找伴手禮 並享受寺廟巡禮的樂趣

きょうとえきしゅうへん

京都站周邊

在京都的大門口—京都站大樓內，京都伴手禮一應俱全的百貨公司及對旅行很有幫助的服務都很齊全。也別忘了去參拜分布在四周的東寺及西本願寺。

從京都塔的瞭望室可以將京都市區一覽無遺

Check

在綿延約2公里的哲學之道上悠閒散步

ぎんかくじ・てつがくのみちしゅうへん

銀閣寺・哲學之道周邊

以東山文化的象徵—銀閣寺為中心，南方分布著南禪寺、北方分布著曼殊院門跡等社寺。充滿了大自然的哲學之道沿路林立著古剎及咖啡廳。

銀閣寺的觀音寺（銀閣）被指定為國寶

伴手禮&美食很充實的 京都首屈一指大街

ぎおん・かわらまちしゅうへん

祇園・河原町周邊

在花街祇園盡情徜徉在瀰漫著京都風情的街道及京都美食。如果要找充滿話題的咖啡廳或伴手禮，不妨多去商店及餐飲店鱗次櫛比的四条河原町走一走。

1 四条河原町擠滿了對流行很敏銳的年輕人
2 柳姿搖曳的祇園、白川的風景很有情調

京都第一的熱門景點 清水寺&坡道巡禮

きよみずでらしゅうへん

清水寺周邊

每年超過500萬人來訪的清水寺，好好享受從本堂、舞台看出去的景色吧。風情萬種的產寧坂及二寧坂等參拜前後的坡道散步也很令人期待。

從國寶「清水舞台」欣賞京都市區

於2014年完成整修工程的平等院鳳凰堂相當於宇治的象徵

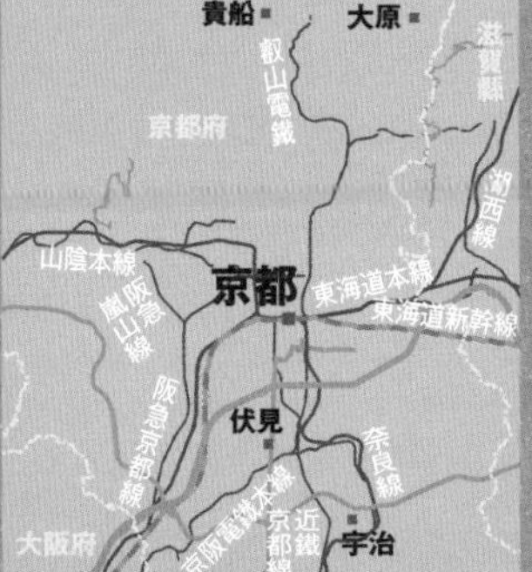

mytrip+more!

古剎佇立在閑靜的山裡
大原 →P138

平等院與抹茶甜點很吸引人
宇治 →P140

籠罩著神秘面紗的京都後院
貴船 →P142

在歷史悠久的酒窖裡試飲美酒
伏見 →P144

Listen

須事先了解的基本二三事

我的旅行小指標

要住宿幾天？怎麼移動？該吃什麼？以下整理出能指引旅行疑難雜症的10個小指標，不妨在安排行程時列入參考喔。

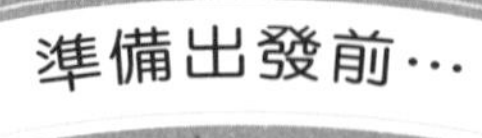

若為兩天一夜 以2～3區最適合

如果想要鉅細靡遺地走遍各區，必須要半天～一天。由於京都的觀光景點很分散，請先確認想去的區域和交通方法。若為三天兩夜，也很建議將行程延伸到宇治、貴船等郊外。

觀光景點豐富的 三大熱門區域

以本堂、舞台聞名的清水寺周邊、瀰漫著京都風情的花街祇園、風景宛如繪畫般展開的嵐山是觀光客特別集中的區域。三個區域都有社寺、美食、伴手禮，應有盡有，所以請花點時間好好遊逛。

詳情請參照

- 嵐山…P108
- 清水寺周邊…P110
- 祇園…P114

檢查妝點著京都 四季的活動

在重視四季的京都，以社寺為中心，一整年都會舉行大大小小、各式各樣的活動。配合櫻花季及楓葉季的點燈及葵祭、祇園祭、時代祭等京都三大祭是各個季節的風情畫。請務必享受當季限定的魅力。

主要活動

- 3月下旬～4月上旬…櫻花季
- 5～9月…鴨川納涼床
- 7月…祇園祭
- 11月中旬～12月上旬…楓葉季

以下請注意！ 櫻花&楓葉季

春秋兩季，觀光客都集中在市內，所以餐飲店及飯店最好提早預約。有時候可能會訂不到市內的飯店，只能從郊外或鄰近縣市搭電車前往市內……交通工具也人滿為患，所以在規畫行程的時候請預留充裕的時間。

Listen

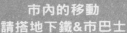

抵達京都後…

善用京都站
進行聰明的旅行

在觀光客進進出出的京都站，充滿了對旅行很有幫助的設施。不妨善用市巴士、地下鐵的服務處及暫時寄放行李的服務等等，聰明享受旅程。另外，必買的伴手禮在站內幾乎都可以買到。

市內的移動
請搭地下鐵&市巴士

市巴士幾乎網羅了京都市內的知名觀光景點，只要學會搭乘就很方便。只不過，到了觀光旺季，路上會很塞車，可能抓不準抵達時間，所以建議搭配地下鐵移動。

還是想去
世界遺產！

在多如繁星的社寺中，世界遺產的社寺每個都很有份量。最好先決定一定要去的世界遺產，再以那裡為中心，規畫觀光行程。如果想去很多地方，則建議前往集中了三個寺廟的金閣寺周邊。

京都美食的
種類很豐富

不只有京都料理及湯豆腐這些歷史悠久的正統美食，面鴨川的餐廳及町家咖啡廳等重視立地的餐飲店也只有京都才有。最近，風格洗練的咖啡廳及咖啡專賣店也愈來愈多了。

河原町&京都站周圍
在住宿上很方便

河原町附近有很多餐飲店，特別推薦那裡的飯店給想在京都區玩到三更半夜的人。至於京都站周邊則是前往各區的交通工具很齊全，第二天可以輕鬆移動到下一個目的地。不妨配合旅行的目的做選擇。

在祇園&四条河原町
買伴手禮

四条河原町是京都最大的鬧區，從老字號到話題名店，有很多商店集中在這裡。不妨將路面店及百貨公司的伴手禮賣場巧妙地分開來逛。如果堅持要買更有京都風味的東西，請前往有很多舞妓光顧的雜貨店的祇園。

詳細交通資訊請見P150～

Route

不知道該怎麼玩時的好幫手
標準玩樂PLAN

第一次去京都旅行，不曉得該怎麼行動的話，不妨按照以下的行程來走。
把自己想去的地方加到行程裡，就會變得愈來愈客製化了！

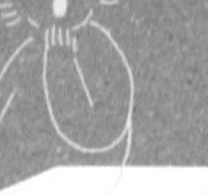

Plan

第1天

Start

京都站

巴士15分、步行10分

清水寺周邊 1 清水寺

步行15分

祇園周邊 2 祇園

步行即至

3 茶寮都路里 本店

巴士20分、步行10分

銀閣寺、哲學之道 4 銀閣寺（慈照寺）

巴士33分、步行5分

京都站周邊 5 フランス料理店 a peu pres

第2天

四条、河原町周邊 6 INODA COFFEE本店

步行10分、電車28分

嵐山、嵯峨野 7 嵐山

電車28分、步行10分

四条、河原町周邊 8 錦市場

步行10分

祇園周邊 9 PASS THE BATON KYOTO GION

步行3分、巴士20分

京都站周邊 10 京都站大樓

步行即至

京都站

Finish

第1天 Start 京都站

1 寺廟參拜

清水寺周邊 P30

きよみずでら
清水寺

首先從標準的清水寺開始。從高達12公尺的本堂，舞台可以將京都市區盡收於眼底。也能享用二寧坂及產寧坂的門前美食。

2 街道散步

祇園周邊 P114

ぎおん
祇園

柳姿搖曳的白川及茶屋林立的風景讓人感覺「這就是京都」。在風情萬種的街道上散步的空檔，別忘了也要找找咖啡廳和伴手禮。

第2天

6 早餐

四条、河原町周邊 P53

いのだこーひほんてん
INODA COFFEE本店

在自古以來就深受早餐文化影響的京都，INODA COFFEE的早餐特別有名。不妨混在當地的常客中，度過優雅的早餐時光。

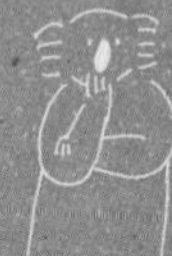

7 街道散步

嵐山、嵯峨野 P108

あらしやま
嵐山

渡月橋及天龍寺等觀光景點十分豐富。也有充滿京都風味的咖啡廳及湯豆腐午餐等等，如果想換點花樣的話，不妨移動到河原町。

Route

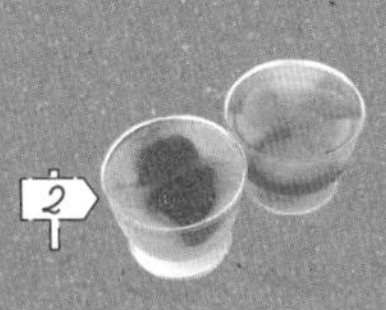

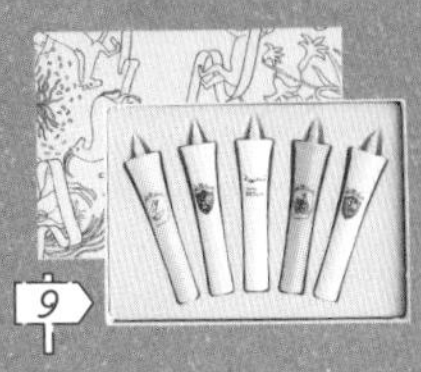

3 抹茶甜點

祇園周邊 P58

さりょうつじり ほんてん

茶寮都路里 本店

目標是名氣不動如山的抹茶聖代。特選都路里聖代1383日圓等等，隨時有8種以上可選。因為很有名，要有排隊的覺悟。

4 寺廟參拜

銀閣寺、哲學之道 P126

ぎんかくじ(じしょうじ)

銀閣寺（慈照寺）

銀閣寺是侘寂之心的代表，是東山文化最具有代表性的佛寺。宛如現代藝術一般，設計得十分新潮的銀沙灘也很有看頭。

5 町家用餐

京都站周邊 P67

ふらんすりょうり あ・ぷ・ぷれ

フランス料理店a peu pres

晚上在町家用餐，為一天畫下句點。好好地享受瀰漫著京都風情的時光。餐點只有全餐，最好先訂位再去。

標準玩樂PLAN

Finish 京都站

8 嘗遍美食

四条、河原町周邊 P116

にしきいちば

錦市場

在又稱為「京都廚房」的錦市場，邊走邊吃在店頭販賣的外帶美食是這裡的醍醐味。可以用經濟實惠的價格品嘗京都食材。

9 逛街購物

祇園周邊 P10

ぱすざばとん きょうとぎおん

PASS THE BATON KYOTO GION

2015年8月開幕的複合品牌店。與京都的傳統工藝合作的商品也琳瑯滿目。如果有時間的話，可以在附設的咖啡廳歇歇腳。

10 尋伴手禮

京都站周邊

きょうとえきびる

京都站大樓

百貨公司及名店街等等，京都站有很多販賣京都銘菓的設施。如果是體積太大的伴手禮，最後一次在這裡買齊是最聰明的選擇。

WELCO
KYO

現在最想一探究竟的

攝於青蓮院門跡

追求京都特有的「絕景」！展開『令人大飽眼福的社寺巡禮』

京都市內到處林立著歷史悠久的社寺，不愧是千年古都。四季的花草及庭園等多姿多彩的大自然妝點著莊嚴肅穆的建築物，那模樣看再多次都覺得新鮮，只有京都才有這樣的絕景。

COMMENTED BY 神田聡子 WRITER

1

從外面遠眺
『清水舞台』也很震撼

清水寺周邊

きよみずでら

清水寺

一提到京都的絕景莫過於這裡！表情會隨四季而異的清水寺

櫻花及楓葉等樹木、美麗的庭園妝點著京都的社寺，景色會隨季節而異，是絕景的寶庫。在上述的絕景中，絕對不能錯過的還是京都首屈一指的熱門觀光景點—清水寺。分布在大約13萬平方公尺境內的伽藍與自然交織出京都具有代表性的絕景。也別忘了以京都市區的景色為背景，在本堂・舞台拍攝紀念照片。

☎075-551-1234
MAP 附錄P14F4
京都市東山区清水1-294 市巴士站清水道步行10分 ¥參拜400日圓，成就院庭園特別參拜要另收600日圓 6:00～18:00(有季節性差異)※夜間特別參拜、成就院特別參拜不同 休無休 P無

[夜間參拜實施期間]
<春>3月中旬～4月中旬
<秋>11月中旬～12月上旬
¥參拜400日圓
18:00～21:00結束受理

2

1 壯觀的本堂・舞台在建造的時候居然沒有完全使用到一根釘子 2 迎接參拜者的仁王門，寬10公尺、高14公尺。俗稱「紅門」

Amazing View♪

- 夏 -
境內覆蓋著
鮮嫩的綠意

- 春 -
約1500棵櫻花齊放，
淹沒了整個境內

- 秋 -
也是京都最具有
代表性的賞楓勝地

3 本堂的舞台高13公尺，從舞台上可以將京都市區盡收於眼底 4 舞台及三重塔附近開滿了染井吉野櫻 5 春天和秋天的夜間特別參拜時點燈的模樣也很受歡迎 6 音羽之瀑分成三道水流，據說非常靈驗 7 宛如懸浮在楓葉海上的本堂．舞台有著夢幻的氛圍

絕景 × 社寺

春天特有的樂趣！被櫻花染成粉紅色的社寺

一到了櫻花的季節，整個京都的大街小巷全都洋溢著明亮的氣氛。
看到被櫻花染成粉紅色的社寺，會讓人覺得「花一年等待這個季節是很值得的！」

COMMENTED BY 山口春菜 WRITER

1 御室櫻會開出楚楚可憐的淡粉紅色花，花季在4月中旬 2 從散發著王朝風雅氣氛的宸殿外廊欣賞庭園

繽紛多彩的御室櫻 妝點著櫻花季的尾聲

仁和寺裡林立著宸殿及五重塔等莊嚴肅穆的建築物，因為代代皆由皇室擔任住持，故稱為「御室御所」。盛開在境內的御室櫻，以比較晚開、樹高低矮為特徵。在櫻花季已屆尾聲的4月中旬前來，可以看到五重塔矗立在御室櫻花海中如夢似幻的光景。

金閣寺周邊

にんなじ
仁和寺

☎075-461-1155 MAP附錄P16A2
京都市右京区御室大内33 市巴士站御室仁和寺即到 ¥參拜500日圓
9:00～16:30結束受理（12～2月為～16:00結束受理） 休無休（靈寶館為4月1日～5月第4週日、10月1日～約50天內開館預定）
P100輛（1次500日圓）

名造園家小川治兵衛一手打造的神苑。每年都會舉辦櫻花的點燈活動

枝垂櫻爭相綻放 雅緻的平安繪卷世界

以塗上朱漆的大鳥居聞名的平安神宮，同時也是京都首屈一指的枝垂櫻賞櫻勝地。讓人聯想到平安繪卷的雅緻社殿與櫻花的競演當然不用說，廣達3萬平方公尺的池泉回遊式庭園——神苑裡盛開著20種櫻花的樣子美不勝收。也有只限春天，以櫻花為設計概念的粉紅色籤詩。

銀閣寺、哲學之道周邊

へいあんじんぐう

平安神宮

☎075-761-0221 MAP附錄P17A3
京都市左京区岡崎西天王町 市巴士站岡崎公園美術館．平安神宮前步行3分 ¥免費參拜（神苑600日圓） 6:00～18:00（神苑為8:30～17:30）※依季節而異 休無休 P市營收費停車場500日圓

妝點著1000棵櫻花樹 深受秀吉喜愛的「花之醍醐」

範圍遍及醍醐山一帶的廣大醍醐寺，是在874（貞觀16）年開山的佛寺。從平安時代就深受喜愛的賞櫻名勝，以豐臣秀吉曾經召開過「醍醐賞花會」而廣為人知。長在五重塔前的櫻花樹及盛開在三寶院大門口的枝垂櫻等等，有很多數大便是美的櫻花，很有看頭。

郊外／醍醐

だいごじ

醍醐寺

☎075-571-0002
MAP附錄P3D5
京都市伏見区醍醐東大路町22 地下鐵醍醐站步行10分 ¥三寶院、靈寶館、伽藍（金堂、五重塔）、上醍醐各600日圓 9:00～17:00（12月第1週日的翌日～2月底為～16:00，受理至關門30分前） 休無休（靈寶館除外） P100台輛（5小時700日圓）

枝垂櫻的巨樹散發出不遜於國寶的氣派五重塔的威嚴

這裡也要CHECK

退藏院 →P130

平野神社 →P131

絕景 × 社寺

令世人為之屏息，京都的秋天充滿了戲劇化

被宛若燃燒的楓紅妝點得美輪美奐的社寺，是秋天限定，京都傲視全球的絕景。
這個季節有很多特別公開及夜間參拜，也有許多這個季節才有的拍照景點。熱愛拍照的人切勿錯過。

COMMENTED BY 鈴木誠一 PHOTOGRAPHER

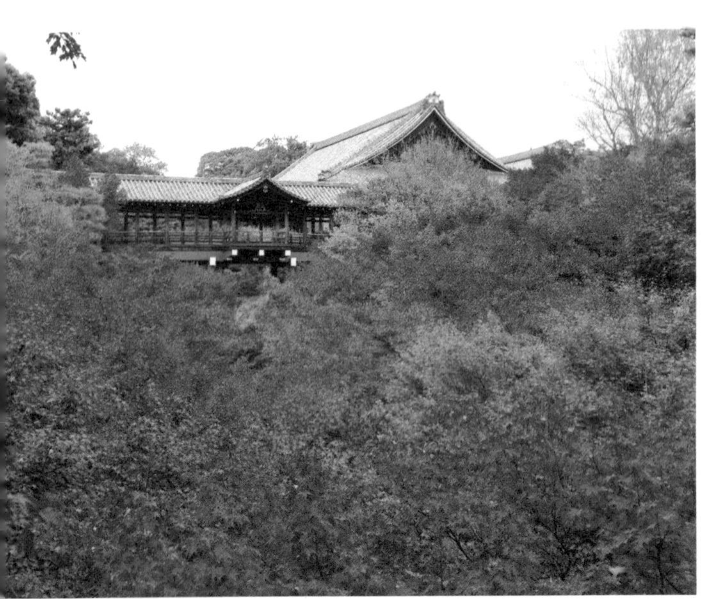

連接本堂與開山堂的通天橋。
彷彿架設在楓紅之海上的橋

橫跨在錦緞般雲海上 從通天橋俯瞰溪谷

相傳東福寺在室町時代，把種在境內的櫻花樹全部砍光，改種楓樹。境內長滿了大約2000棵的楓樹，是京都首屈一指的賞楓名勝，聲名遠播。從通天橋往下看，被埋在楓紅裡的溪谷——洗玉澗的景色美得令人屏息。

京都站周邊

とうふくじ
東福寺

☎075-561-0087
MAP 附錄P4E3
京都市東山区本町15-778 JR東福寺站步行10分 ¥通天橋、開山堂400日圓，方丈八相庭園400日圓 9:00～16:30（12月上旬～3月末為～16:00、11月1日～12月6日為8:30～）※受理至關門30分前 休無休 P20台輛（秋天的特別參拜期間不得使用）

從楓葉的空隙看出去 多寶塔的景色十分壯觀

3000棵以上的楓樹染紅了永觀堂的境內，是從平安時代傳承至今的賞楓勝地。《古今和歌集》裡甚至還歌頌過這樣的美景，現在依舊以「楓紅之永觀堂」之名為人熟知。可以從多寶塔俯瞰境內的白天當然不用說，如夢似幻的夜間參拜每年也都吸引很多人造訪。

銀閣寺、哲學之道周邊

えいかんどう（ぜんりんじ）
永觀堂（禪林寺）

☎075-761-0007 MAP 附錄P17C3
京都市左京区永観堂町48 市巴士站南禅寺・永観堂道步行3分 ¥參拜600日圓（秋天的寺寶展期間為1000日圓） 9:00～16:00最後受理（秋天的寺寶展期間略有不同） 休無休 P無

矗立於半山腰的多寶塔，從放生池往上看的視野是最好的角度

指定為國寶的石水院，相傳是後鳥羽上皇修習學問的場所

在籠罩著寂靜的境內 輝映著鮮艷的楓紅

高山寺的所在地栂尾，是與槙尾、高雄合稱三尾的賞楓勝地。從境內安置著善財童子像的石水院，可以欣賞到群山被染成五顏六色的模樣。以幽默的手法描繪出擬人化動物們的國寶『鳥獸人物戲畫』等等，珍藏著許多文化財產。

郊外／三尾

こうさんじ

高山寺

☎075-861-4204
MAP 附錄P20C3
京都市右京区梅ヶ畑栂尾町8 JR巴士站京都駅搭高雄京北線51分，栂ノ尾下車，步行5分 ¥免費參觀(石水院要另收800日圓，楓葉季節為入山500日圓) 8:30～17:00 休無休 P50輛

映出四季的地板 宛如繪畫一般

實相院據稱是由歷代皇族擔任住持，非常有規格的門跡寺院。有很多可看之處，例如由狩野派繪師描繪的紙門及風格各異的兩座庭園。火紅的楓葉倒映在客殿的瀑布間地板上的「楓葉地板」鮮艷得不可方物，一到了秋天，擠滿了前來看楓葉地板一眼的人。※2016年3月20日前不可參拜

郊外／岩倉

じっそういん

實相院

☎075-781-5464
MAP 附錄P2C2
京都市左京区岩倉上蔵町121 地下鐵國際會館步行3分的京都巴士站国際会館前搭24系統12分，岩倉実相院下車即到 ¥參拜500日圓 9:00～17:00 休不定休 P10輛(秋天不得使用)

光可鑑人的美麗地板上，倒映著優美紅色的楓葉地板（禁止攝影）

由自然石砌成的參道走到盡頭，安置著本尊的金堂便映入眼簾

楓葉是全京都最早轉紅的 矗立於錦秋山間的古剎

創建於824（天長元）年的神護寺，據說是連空海也擔任過住持的真言宗佛寺。寺堂之間距離相等地種植著大約3000棵的日本槭樹，將廣大的境內染得光艷照人。從兩側探出頭來的楓葉，形成火紅拱門的石階參道是主要景點之一。

郊外／三尾

じんごじ

神護寺

☎075-861-1769 MAP 附錄P20A4
京都市右京区梅ヶ畑高雄5 JR巴士站京都駅搭高雄京北線49分，山城高雄下車，步行20分 ¥參拜600日圓 9:00～16:00 休無休 P無

絕景

╳

社寺

天空與廟堂在水面上搖曳，欣賞令人心情平靜的『水景』

庭園的花草及廟堂、時間的遞嬗……水面上倒映著各式各樣的東西，彷彿也反映出自己的心境。只是望著就能讓人心情平靜。

COMMENTED BY 神田聰子 WRITER

搖曳在水面上的美麗寺堂也描繪在十圓硬幣上

平等院始於1052（永承7）年，藤原賴通將父親道長的別墅改建成佛寺。鳳凰堂座落在阿字池的中島，因為左右的翼廊會讓人聯想到鳳凰，故取其名，就連十圓硬幣的設計也採用了這個風景。從正前方看過去，有如極樂淨土。

宇治

びょうどういん

平等院

☎0774-21-2861 MAP 附錄P21B4
宇治市宇治蓮華116 JR宇治站步行10分 ¥參拜600日圓（包含鳳翔館入館費，鳳凰堂內部參拜要另收300日圓） 8:30～17:15最後受理 休無休 P利用附近的停車場

池塘與借景而來的壯大規模令人感動

天龍寺開山始祖夢窗疏石一手打造的天龍寺曹源池庭園，是壯觀的借景式庭園代表作品。以池子為中心，配置著岩島及瀑石組等等，在壯麗的景觀裡，創造出沙洲的優美曲線，王朝風的造型是其特徵。除了可以在庭園內散步外，也可以從大方丈的外廊眺望庭園。

嵐山・嵯峨野

てんりゅうじ

天龍寺

☎075-881-1235 MAP 附錄P18B3
京都市右京区嵯峨天龍寺芒ノ馬場町68 嵐電嵐山站下車即至 ¥庭園參拜500日圓（諸堂參拜要追加100日圓，法堂特別參拜要另收500日圓） 8:30～17:30 休無休 P120輛（1天1000日圓）

1 庭園被指定為國家史跡、特別名勝第1號 2 曹源池的四周盛開著櫻花及菖蒲等四季花卉

1 鳳凰堂在2014年完成長達2年的整修
2 從4月下旬～5月上旬是藤花的花季

絕景 × 社寺

氣勢令人傾倒…！去看震撼力十足的佛像

京都有很多寺廟都供奉著美輪美奐的佛像，但是最厲害的還是這兩座佛寺。每次站在佛像前面，我都會被震撼力十足的氣勢感動到熱淚盈眶。

COMMENTED BY 後藤藍子 WRITER

せんじゅせんがんかんぜおんぼさつ
千手千眼觀世音菩薩
（千手觀音立像）

指定為國家重要文化財產。124尊佛像與創建同期，都是平安時代的作品，其他則是在後來的鎌倉時代，耗費長達16年的歲月製作而成。每一尊都長得不一樣。

全長120公尺的本堂，內殿以柱子將空間隔成33個區塊，是名稱的由來

長～長的本堂內有密密麻麻的1001尊佛像

1164（長寬2）年，平清盛奉後白河上皇之命，創建了三十三間堂。鎮座在本堂內殿的1001尊千手觀音像非常有名。以鎌倉時代的名佛師湛慶為主製作的千手觀音立像，每一尊的表情和手裡拿的東西都不一樣，聽說一定可以找到自己想見的人。

（京都站周邊）

さんじゅうさんげんどう（れんげおういん）
三十三間堂（蓮華王院）

☎075-561-0467 MAP 附錄P4E1
京都市東山区三十三間堂廻り町657
市巴士站博物館三十三間堂前即到
¥參拜600日圓 8:00～16:30最後受理（11月16日～3月31日為9:00～15:30最後受理） 休無休 P50輛

1 以號稱是日本最高木造建築的五重塔馳名的佛寺 2 入母屋造、本瓦葺的金堂，是供奉本尊藥師如來像的本堂

りったいまんだら
立體曼荼羅

安置在講堂的佛像群。大日如來鎮座在正中央，不動明王、帝釋天等等則圍繞在其四周，原封不動地依照密宗繪畫—曼荼羅的模樣配置。所有的佛像都是國寶或重要文化財

SOUVENIR

好可愛！佛像商品

立體曼荼羅墊板
300日圓

立體曼荼羅
文件夾
300日圓

驚人的躍動感與恢宏規模！讓人陷入密宗的世界

為了庇佑國家而建立的東寺，是與空海也很有關係的真言密宗大本營。由空海親手打造的立體曼荼羅，是以大日如來為中心，配置著21尊佛像的巨作，其中有16尊佛像被指定為國寶。立體地表現出真言密宗的世界觀，感覺相當新穎，受到相當高的評價。

京都站周邊

とうじ(きょうおうごこくじ)
東寺(教王護國寺)

☎075-691-3325
MAP 附錄P5B2
京都市南区九条町1 JR京都站步行15分 ¥境內自由參觀(金堂、講堂要另收500日圓，寶物館要另收500日圓) 8:30～17:00最後受理(9月20日～3月19日為～16:00最後受理) 休無休(寶物館只在3月20日～5月25日、9月20日～11月25日開館) P50輛(2小時600日圓)

絕景 × 社寺

明艷動人的表情令人心蕩神馳♪ 夜晚的京都佛寺也很有魅力

最近一到了春秋兩季，就會開放夜間參拜或夜間點燈活動的佛寺與日俱增。引進光雕投影等最新技術的演出也很引人注目。

COMMENTED BY 秀平琢磨 PHOTOGRAPHER

在東山花燈路上，八坂塔周圍的街道及社寺也都會一起點燈
照片提供／京都・花燈路推進協議會
八坂塔（法觀寺）

大家熟悉的八坂塔 入夜也形成夢幻的光景

以東山的地標深受愛戴的八坂塔，只有在每年初春開辦的「東山花燈路」期間裡會有夜間點燈。出現在廣告或連續劇裡，代表性十足的風景，晚上在燈光的照耀下，更加輝煌燦爛。高達46公尺，是國家的重要文化財，內部公開日的白天可以爬到第二層樓。

清水寺周邊

やさかのとう(ほうかんじ)

八坂塔(法觀寺)

☎075-551-2417
MAP 附錄P14D3
京都市東山区清水八坂上町388 市巴士站清水道步行3分
¥參觀400日圓(國中生以下不得參拜) 10:00～16:00 休不定休 P無

夜間點燈 Data

東山花燈路
☎075-212-8173
(京都・花燈路推進協議會事務局
※平日10:00～18:00)
期間…3月中旬
¥自由散步
18:00～21:30(預定)

座落在將軍塚中比較高的位置，將京都市區一覽無遺

從木造的大舞台獨佔京都的夜景

座落在京都數一數二的夜景勝地——將軍塚中的青龍殿，位於安置著青不動明王像的青蓮院門跡的飛地境內。彷彿從山壁上突出，大舞台的面積廣達1046平方公尺，視野十分開闊。在春天和秋天的夜間參拜時，除了可以將大廣角的市區盡收於眼底，庭園也會點亮華麗的燈光。

銀閣寺、哲學之道周邊

しょうぐんづかせいりゅうでん

將軍塚青龍殿

☎075-771-0390 MAP附錄P6F4
京都市山科区厨子奥花鳥町28
地下鐵蹴上站車程5分※晚上不得步行 ¥參拜500日圓 9:00～16:30最後受理 休無休 P20輛

夜間點燈 Data
期間…
春／3月下旬～4月上旬·黃金週
秋／10月下旬～12月上旬
¥參拜500日圓
17:00(日落)～21:00最後受理

宛如鑲滿了星子般 如夢似幻的藍色夜間點燈

因循著其所珍藏的青不動明王像（祕佛），藍色的夜間點燈令人印象深刻。可以享受只有代代皇族擔任門主的門跡寺院才有的風情，以及灑滿整座庭園的藍色燈光。

祇園周邊

しょうれんいんもんぜき

青蓮院門跡

☎075-561-2345
MAP附錄P10F2
京都市東山区粟田口三条坊町69-1
地下鐵東山站步行5分 ¥參拜500日圓 9:00～16:30最後受理 休無休 P10輛（夜間參拜時不得使用）

夜間點燈 Data
期間…春／3月中旬(東山花燈路期間內)、3月下旬～4月上旬、黃金週、秋／11月上旬～12月上旬
¥參拜800日圓 18:00～21:30結束受理

1

別出心裁的呈現方式一年比一年進化

高台寺在每年春、秋兩季都會有光雕投影或與藝術家合作的嶄新演出等等，引進最先進的燈光技術。方丈庭園每次都不一樣的影像呈現、秋天倒映著楓紅的臥龍池令人大開眼界。還有懸掛著900個燈籠的燈明會等等，夏天的夜間點燈活動也引人入勝。

夜間點燈 Data
期間…春／2016年3月12日～5月8日、夏／8月1～18日、秋／10月下旬～12月初旬 ¥參拜600日圓 日落～21:30結束受理

清水寺周邊

こうだいじ

高台寺

☎075-561-9966
MAP附錄P14D2
京都市東山区下河原町526 市巴士站清水道步行8分 ¥參拜600日圓 9:00～17:00最後受理 休無休 P100輛（只有參拜者1小時免費）

2

1 秋天的空氣十分乾淨，倒映在池子裡的楓葉有如鏡子般，看起來十分鮮明 2 藝術的方丈庭園·波心庭。春天可以欣賞到與枝垂櫻比美的華麗景色

絕景 × 社寺

只有我喜歡！想一個人去的祕密社寺

大家都會去的必訪社寺固然也不錯，但是也會想去比較不為人知的地方！
因此，我們請教了對京都知之甚詳的記者&攝影師推薦的社寺。

COMMENTED BY 布袋裕載 EDITOR

繡球花的花季…6月中旬～下旬／點燈…6月11～26日的週六、日 ¥參拜500日圓 🕒19:00～20:30結束受理

1 西洋繡球花及柏葉繡球花等種類琳瑯滿目 2 境內的「花之茶屋」提供繡球花聖代等甜點

參觀燈光下的珍貴繡球花

6月，杉木林間開滿了粉紅色或藍色繡球花的三室戶寺又名「繡球花寺」。境內南側面積約5000坪的大庭園裡，種滿了50種、1萬棵的繡球花，令人嘆為觀止！花季中的點燈時間，漂浮在黑暗中的繡球花具有一看的價值。

RECOMMENDED BY
記者
山口春菜女士
生於京都，長於京都。負責採訪京都，10年來都隸屬於編輯企畫部的能幹記者。

みむろとじ
三室戶寺

☎0774-21-2067 MAP 附錄P21C3
宇治市菟道滋賀谷21 JR宇治站步行30分 ¥參拜500日圓(寶物館要另收300日圓) 🕒8:30～16:30(11～3月為～16:00) 休12月29～31日(寶物館只有每月17日能參拜) P200輛(1次500日圓)

目不轉睛地盯著造型獨特的窗戶看

兩扇並列在本堂的窗戶令人印象深刻。稱之為「迷惘之窗」的方形窗代表人類的一生；稱之為「頓悟之窗」的圓形窗代表頓悟的境界，彷彿是為了讓人面對自己而設的。窗戶對面是一大片的庭園美景，也很推薦可以看到美麗楓葉或山茶花的秋天。

隔著窗戶的庭園，簡直就像是被切下一塊

RECOMMENDED BY
攝影師
鈴木誠一先生
1966年出生於京都，住在上京區。擅長拍攝美食照片，很愛喝酒的自由攝影師。

げんこうあん
源光庵 →P134

世界各地的蓮花爭奇鬥妍的花之寺廟

法金剛院的庭園佔了境內面積的一半，綻放著四季的花卉，是國家級的特別名勝。其中又以蓋住整片池塘的蓮花特別有名，盛開的夏季會形成有如極樂世界般的光景。也有很多只有早上才開花的種類，開門同時就去欣賞是探訪的技巧。

可以欣賞到多彩多姿的花卉，所以又稱為「花之寺」

蓮花的花季…7月上旬～8月上旬(2016年7月9～31日於7:00～召開賞蓮會)

RECOMMENDED BY
記者
後藤藍子女士
為隸屬於編織企畫部的記者，以前是書店的店員。兵庫縣伊丹市出身，住在京都。

ほうこんごういん
法金剛院 →P131

9尊並列的
國寶級佛像很有看頭

位在靠近奈良縣境的淨琉璃寺，雖然遠了點，但很值得特別跑一趟。指定為國寶的9尊阿彌陀佛與風情會隨四季而異的庭園美不勝收。以描摹梵文的阿字而成的池塘為中心，東邊的三重塔配置著藥師如來，西邊的本堂配置著阿彌陀佛，據說是平安末期特有的配置。

RECOMMENDED BY

攝影師

秀平琢磨先生

寶塚市出身，很會拍婚禮及人物的攝影師。喜歡拍攝風景。

1 在櫻花及楓葉的簇擁下，由柱子隔成11間的長形本堂 2 高16公尺的三重塔附近，尤其是境內的楓紅特別漂亮

じょうるりじ

淨琉璃寺

☎0774-76-2390 ☗木津川市加茂町西小札場40
‼JR京都站搭奈良線55分，在木津站轉乘大和大路線6分，加茂站下車，搭開往加茂山之家的木津川市區巴士22分，或者是從JR、近鐵奈良站搭開往淨琉璃寺的急行巴士25分，淨琉璃寺下車，步行3分 ¥境內自由參觀（本堂300日圓） 🕒9:00～17:00（12～2月為10:00～16:00） 休無休（辦法會的時候會有不可參拜的日子） P無

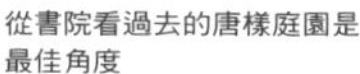

從書院看過去的唐樣庭園是最佳角度

添水的音色
令人心情平靜

想推薦詩仙堂給大家，起源自精通詩詞及書法、茶道的石川丈山的隱居地。每年會開出100種花草的唐樣庭園，自然的地形與建築物的融合極之巧妙！也別忘了參拜掛著中國三十六詩仙的肖像，同時也是寺名由來的詩仙之間。

RECOMMENDED BY

記者

神田聰子女士

熱愛參觀寺廟及甜點，京都出身的記者。隸屬於編輯企畫部。

しせんどう

詩仙堂 →P127

京都巴士33系統在點燈日的夜間也會行駛（攝影：今宮康博）

只有下雪天才能
看到的神祕世界

貴船神社從2015年起，每逢積雪日就會點燈。塗上朱漆的春日燈籠與積著白雪的雪白參道，在燈光的照耀下，洋溢著夢幻的氛圍。點燈的資訊會發表在官方網站上的最新情報及臉書、推特上，所以請配合天氣預報一起確認。

點燈…1月1日～2月28日的積雪日 ¥免費參拜 🕒黃昏～20:00※只有點燈日，會在當天的15:00公布

RECOMMENDED BY

攝影師

橋本正樹先生

京都出身，擁有在電影製作公司經驗的攝影師。喜歡拍攝廢墟和礦坑遺跡。

きふねじんじゃ

貴船神社 →P142

如詩如畫的KYOTO

1

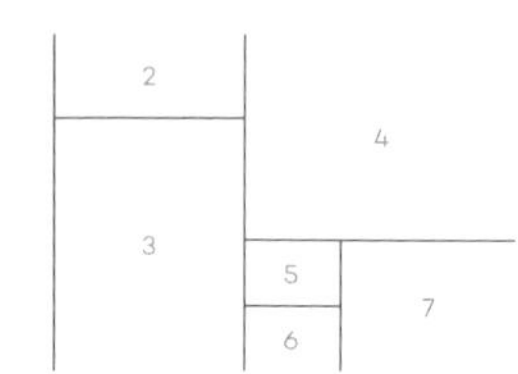

1 二寧坂／MAP 附錄P14D3　瀰漫昔京都風情的清水寺參道。享受京都美食及伴手禮的尋寶之樂
2 白川南通／MAP 附錄P12D3　走在柳姿搖曳的白川沿岸石板路上，感覺彷彿回到了過去
3 哲學之道→P118／MAP 附錄P17B2周邊　從銀閣寺往南延伸的散步路線，充滿了櫻花及楓葉等大自然的景色十分迷人
4 八坂塔（法觀寺）→P40／MAP 附錄P14D3　相當於東山的地標。塔背後的夕陽燃燒著思鄉的情緒
5 三上家路地／MAP 附錄P9B4　悄然無聲地座落在西陣的巷弄。到處都是有商店等進駐的町家
6 渡月橋／MAP 附錄P18B4　背後就是嵐山，一直線延伸的橋影好像風景明信片！
7 水路閣／MAP 附錄P17B4　南禪寺（→P127）境內的水路閣是由紅磚打造，氣氛十分懷舊

GOURMET GUIDE

在由知名品牌監製的高級沙龍裡度過午後的片刻時光

奢華的空間與令人嚮往的品牌打造的可愛甜點。
一切都很精緻的高級沙龍，氣氛刺激著少女心。

COMMENTED BY 山口春菜 WRITER

京都御所周邊

ざ·りっつ·かーるとんきょうと ざ·ろびーらうんじ

THE RITZ CARLTON KYOTO The Lobby Lounge

享用與PIERRE HERME PARIS合作的限量下午茶

日本唯一一家由高級飯店THE RITZ CARLTON KYOTO與舉世聞名的甜點店PIERRE HERME PARIS合作的咖啡廳。豪華的下午茶是眾人夢寐以求，讓人想很吃吃看。盡情享受誠心誠意的待客之道與精挑細選的餐具及裝飾品。

1 下午茶4860日圓（另收13%服務費） 2 餐點及甜點的內容會每個月更換 3 陳列著書籍及日本藝術家作品的空間也很漂亮

SHOP DATA

☎075-746-5522（餐廳訂位專線）
MAP 附錄P6D2 ☗京都市中京区鴨川二条大橋畔 地下鐵京都市役所前站步行6分
8:00～20:30LO（下午茶為13:00～16:30LO，需預約） 休無休 席64 P72輛

HAVE A NICE TIME

4 原創特調及風味茶等等，紅茶有好幾種可以選

5 除了3種季節蛋糕以外，還會附上2種熱賣的馬卡龍

6 也提供單點的PIERRE HERME PARIS蛋糕及義大利麵等輕食

7 優雅的格子門等室內設計來自町家的概念

祇園周邊

ぜん かふぇ

ZEN CAFE

由創業於1716～1736（享保年間）年的和菓子店一鍵善良房所打造，位於巷子裡的咖啡廳。在陳列著書籍及陶器室內擺設、新銳藝術家的作品，走在流行前端，無法與老字號產生聯想的店內，品嘗招牌的葛餅及當季的生菓子。

☎075-533-8686 MAP 附錄P12D4
京都市東山区祇園町南側570-210 京阪祇園四条站步行3分 11:00～17:30LO 休週一（逢假日則翌日休） 席17 P無

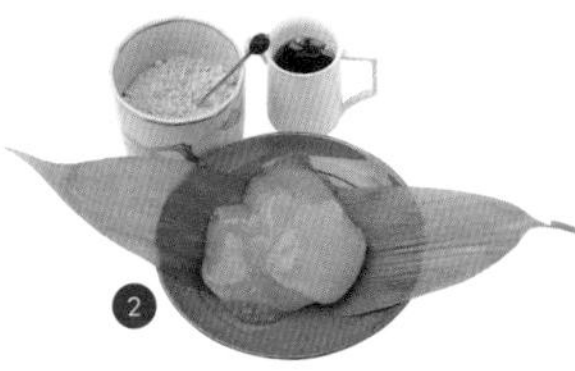

1 配置著時髦家具的摩登空間 2 使用了吉野本葛的特製葛餅800日圓 3 面向明亮庭園的吧檯座

1 末富藍色的牆壁及家具令人眼睛一亮。正中央展示著精緻美觀的糕餅 2 面對著與角倉了以有淵源的史蹟一一之船入 3 可以從3種中任選的當季和菓子486日圓起

京都御所周邊

あん かふぇ る ぷてぃ すえとみ

un café Le Petit Suetomi

創業於1893（明治26）年的老字號和菓子店一末富與京都大倉飯店合作的商店。以藍色為主題色，從光線充足的店內也可以看到高瀨川的一之船入。細緻的當季和菓子當然不用說，也很推薦用了獨家內餡的紅豆麵包324日圓。

☎075-211-5110 MAP 附錄P6D3
京都市中京区一之船入町384ヤサカ河原町ビル1F（京都大倉飯店北側） 地下鐵京都市役所前站步行3分 10:00～18:30 休無休 席21 P250輛（請使用京都大倉飯店停車場）

（祇園周邊）

さろん ど あんてぃ でぃれったんと

サロンド アンティ ディレッタント

利用川端康成及谷崎潤一郎、卓別林等人，名聞遐邇的文化人來過的日本料理店——浜作2樓空間的咖啡廳&酒吧。提供店家自創的甜點及咖啡等等。也接受第一次來的客人，但因為採會員制，必須先訂位。

☎075-561-0330 MAP附錄P14D2
京都市東山区祇園八坂鳥居前下ル下河原町498 市巴士站祇園步行4分 12:00～21:00LO(需預約) 休週三、每月最後週二 席30 P無

1 播放著古典音樂的優雅沙龍 2 咖啡善哉1000日圓，深焙的咖啡和優質紅豆的甘甜非常對味 3 同時也是去浜作吃飯的人用餐前後打發時間的空間

1 在和風的寬敞店內悠閒地度過 2 店舖在2015年10月1日重新整修 3 柔韌彈牙的蓮藕糕點 西湖（附抹茶）870日圓

（四条、河原町周邊）

むらさきのわくでん さかいまちてん ちゃかせき

紫野和久傳 堺町店 茶菓席

由老字號料亭和久傳打造的禮品專賣店，關西只有堺町店附設茶菓席。使用了蓮藕的澱粉的糕餅—西湖及本蕨餅等等，不妨搭配抹茶一起品嘗也在料亭提供的甜點。1樓為門市，2樓是茶菓席。

☎075-223-3600 MAP附錄P11B1
京都市中京区堺町通御池下ル東側 地下鐵烏丸御池站步行5分 11:30～18:30(門市為10:30～19:30) 休無休 席30 P無

GOURMET GUIDE

享用町家╳西式甜點 話題的GOOD CAFÉ

京都的甜點不只有抹茶及和菓子，西式甜點也愈來愈多。
在充滿京都風味的町家空間裡品嘗高級的西式甜點時，是至高無上的奢侈。

COMMENTED BY 神田聰子 WRITER

祇園周邊

らぱてぃすりー で れーゔ きょうと こうだいじてん

LA PÂTISSERIE DES RÊVES 京都高台寺店

京都店是巴黎知名甜點店的3號店，也因為是進軍海外的第一家店而掀起了話題。夾入堅果糖奶油的布列斯特泡芙及夾層是焦糖色蘋果的反烤蘋果塔等等，在古典氛圍下擺滿了充滿獨特品味的蛋糕。可以在天花板挑高的2樓咖啡廳細細品味。

☎075-533-7041 MAP 附錄P14D1
京都市東山区高台寺北門前通下河原東入ル鷲尾町518 市巴士站祇園步行8分 12:00～18:00 休週二 席12 P無

1 招牌的布列斯特泡芙519日圓（單點） 2 利用傳統町家改建而成的建築物融入在地景色 3 與巴黎的本店同款設計的垂墜型展示櫃匠心獨具

四条、河原町周邊

でせーる ら・ふらむぶるー

デセール ラ·フラムブルー

以全餐的形式提供以法國菜為基調的甜點的甜點專賣店。全餐從當季的慕斯開始，主菜、糕餅盤陸續登場。可以充分地享用由京都知名法國餐廳負責甜點的老闆設計，以精挑細選的食材入菜，洋溢著季節感的3道甜點。

☎075-252-3830 MAP 附錄P13A3
京都市中京区蛸薬師通麩屋町東入ル蛸屋町157-1
阪急河原町站步行6分 12:00～19:00LO 休週二
席8 P無

1 橙香火焰可麗餅的全餐1620日圓，柳橙的酸味十分爽口 2 以全餐的方式提供甜點的盤飾甜點專賣店在京都也很罕見 3 店內只有8個吧檯座位。與平易近人的老闆聊天也很開心

四条、河原町周邊

しょこら べる あめーる きょうとべってい

Chocolat BEL AMER京都別邸

在日本全國的百貨公司都有展店的巧克力店，2015年9月，關西的第一家路面店在京都開幕。在2樓的巧克力吧，使用了巧克力的店家自創甜點及飲料一應俱全。而在1樓的商店裡，也陳列著許多使用了伏見的酒及抹茶的店鋪限定商品。

☎075-221-7025 MAP附錄P11B1
京都市中京区三条通堺町東入ル北側桝屋町66 地下鐵烏丸御池站步行5分 10:00～20:00 休不定休 席24 P無

1 改建自風情萬種的町家建築 2 不妨在摩登的空間裡悠閒地度過 3「香蕉千層派佐-196度的冰淇淋」1620日圓（前方）4 展示櫃裡陳列著巧克力

四条、河原町周邊

クレープリー 京都シャンデレール

Creperie Stand Chandelle

為2015年1月開幕的店，是大阪知名的法式薄餅第2家分店。只有京都店才有用法國產的麵粉及艾許奶油等嚴選材料烘烤而成的餅皮，搭配季節蔬菜或水果的產品。配置著海外製的桌巾或西式油燈等古董，復古的町家空間也很漂亮。

☎075-754-8763 MAP附錄P11A2
京都市中京区東洞院通四条上ル阪東屋町662 地下鐵四条站步行3分 11:00～21:30LO（週日、假日為～21:00LO※翌日為假日的話為～21:30LO）休不定休 席36 P無

1 國王甜宇宙上擺滿了當季的水果750日圓（前方）2 店後面有個院子 3 店內的氣氛明亮又開朗 4 座落在巷弄裡的店

GOURMET GUIDE

舒緩的氣氛也很下飯
以美味的早餐揭開一天的序幕

什麼都想做的第二天早上，如果用好吃的早餐揭開序幕，將有助於提升一整天的充實度喔！
美味的飯和溫熱的飲料，可以讓心靈和身體都清醒過來。

COMMENTED BY 後藤藍子 WRITER

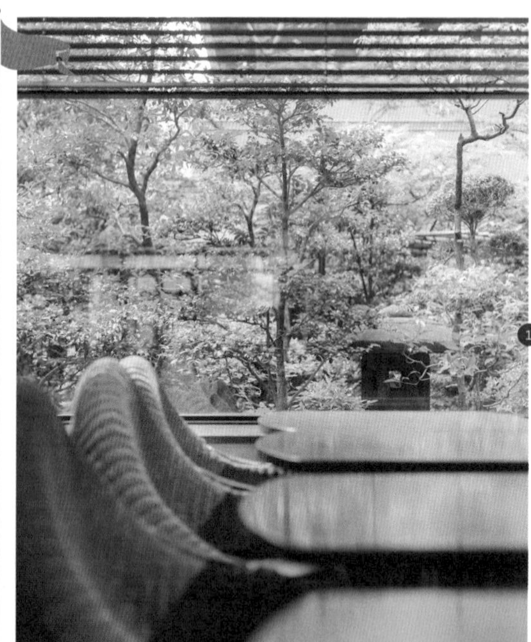

二条城周邊

いえもんさろんきょうと

伊右衛門サロン京都 IYEMON SALON KYOTO

想要與日本茶一起享用咖啡沙龍的早餐

是可以喝到京都的老字號茶舖——福壽園的茶的咖啡廳，配合現代人的生活型態，提供愉快的品茶方案。在融入了日式風格的摩登店內，可以嘗到種類琳瑯滿目的茶和搭配這些茶研發出來的料理及甜點。

SHOP DATA

☎075-222-1500 MAP 附錄P11A1 京都市中京区三条通烏丸西入ル御倉町80 千總ビル1F 地下鐵烏丸御池站下車即至 8:00～24:00(早餐為～11:00) 休不定休 席115 P無

1 邊欣賞懸掛著燈籠的日式庭園，度過身心放鬆的時光 2 主餐的魚再加上小菜的IYEMON早餐1026日圓 3 一開門，店內就坐滿了來吃早餐的人 4 茶吧檯也準備了茶具

1 店內原封不動地保留了庭院及採光窗等町家的意趣 2 起司香氣四溢的瑞可塔煎餅1000日圓

京都御所周邊

かふぇらいんべっく

Cafe Rhinebeck

可以說是帶動了京都煎餅風潮的咖啡廳。點餐後花上15～20分鐘現烤的煎餅，以鬆鬆軟軟、入口即化的口感為特徵。

☎075-451-1208 MAP 附錄P7B1
京都市上京区大宮通元誓願寺下ル石薬師町692
JR京都站搭市巴士9系統20分，一条戻橋．晴明神社前下車，步行3分 8:00～17:30LO 休週二（逢假日則翌日休） 席40 P無

四条、河原町周邊

いのだこーひほんてん

イノダコーヒ本店

1940（昭和15）年創業，足以代表京都的咖啡廳。甚至還創造出「京都的早晨由INODA開始」這句話的早餐非常受歡迎，也有每天早上都來光顧的當地人。特調咖啡—阿拉比亞的真珠560日圓，也有很多忠實顧客。

☎075-221-0507 MAP 附錄P11B1
京都市中京区堺町通三条下ル道祐町140 地下鐵烏丸御池站步行7分 7:00～20:00（早餐為～11:00） 休無休 席205 P11輛

1 附有炒蛋及厚切火腿的京都早餐1380日圓 2 除了挑高的座位區以外，露台及2樓也都有座位

1 簡簡單單、安安靜靜的店內似乎會讓人一坐下來就不想走了 2 附有機咖啡的馬鈴薯泥半熟蛋一盤850日圓

京都站周邊

からる

Caralu

2015年4月才開幕的咖啡廳，馬鈴薯泥半熟蛋及舒芙蕾蛋捲等早餐一應俱全。使用了美山產的放養雞受精卵做成的雞蛋料理每一道都很美味，吸引了很多回籠客。店內還保留著大樓的無機質空氣感，也很有魅力。

☎075-746-4856 MAP 附錄P5B1
京都市下京区中堂寺前田町9-9 フランクワークスビル1F JR丹波口站步行5分 7:30～15:00 休不定休 席15 P無

GOURMET GUIDE

現在才更想吃，鬆鬆軟軟的美味厚鬆餅

時髦的煎餅固然也不錯，但有時候也會想吃點傳統的厚鬆餅不是嗎？
以下為大家介紹「現在才更想吃」的4家鬆餅店，店內復古的氣氛也很吸引人。

COMMENTED BY 神田聰子 WRITER

四条、河原町周邊

スマート珈琲店

Smart Coffee

聽說就連昔日的昭和明星也造訪過，創業於1932（昭和7）年的咖啡廳。紅磚的牆壁及木頭的樓梯等等，氣氛溫暖的裝潢讓人受到撫慰。自家烘焙&手沖的咖啡500日圓，不會太苦，芳香馥郁的風味在當地也有很多粉絲。

☎075-231-6547 MAP 附錄P13A1
京都市中京区寺町通三条上ル西側 地下鐵京都市役所前站步行3分 8:00～19:00 休 無休(午餐為週二休) 席40 P 無

1 厚鬆餅套餐1100日圓。把牛油和糖漿淋在甜味相當樸實的鬆餅上享用 2 據說是由負責修建神社佛閣的木工打造的店內。1樓是喝茶的空間，2樓規畫成餐廳

1 上頭有大顆的紅豆和霜淇淋的小倉霜淇淋厚鬆餅880日圓（與飲料搭套餐） 2 假日的下午茶時間有時候會客滿 3 店頭也販賣和菓子及仙貝

京都站周邊

ばいこうどう

梅香堂

父子兩代傳承下來的傳統甜點店。招牌菜是只有在9月中旬～5月中旬前後提供的厚鬆餅。特色在於用專用的模型和鐵板烤成鬆鬆軟軟的鬆餅，霜淇淋或當季的水果等配料也種類豐富。

☎075-561-3256 MAP 附錄P4E2
京都市東山区今熊野宝蔵町6 市巴士站今熊野下車即到 10:00～18:00(門市為:00～20:00) 休 週二 席20 P 無

祇園周邊

ぶるー ふぁー つりー

BLUE FIR TREE

以高達4.5公分的厚鬆餅為賣點的私房咖啡廳。即使放上一陣子也不會塌，口感還是鬆鬆軟軟的祕密在於大量的蛋白霜和花20分鐘慢慢烤的作法。據說是老闆嘗試過無數次錯誤經驗才摸索出來，是充滿藝術性的一道甜點。

☎075-541-1183 MAP附錄P13C4
京都市東山区大和大路四条下ル大和町6-1 京阪祇園四条站即到 9:00～17:00LO 休週一（逢假日則翌日休）
席20 P無

1 夢幻厚鬆餅（本月的配料）700日圓，可以品嘗到每月不同的配料※低銷為1杯飲料 2・3 以吧檯為中心的極簡空間。後方也有座位區

1 原味煎餅＆冰淇淋800日圓，冰淇淋蘇打650日圓（2樓為5種限定） 2 店位在寺町商店街 3 懷舊的氣氛似乎會讓人不小心就一直坐下去

四条、河原町周邊

しんせつ

SHIN-SETSU

1樓一共有24種五顏六色的冰淇淋蘇打，2樓為可以享用到直接放在鐵板上端出來的熱騰騰煎餅或漢堡排的咖啡廳。過去曾經是雜貨店，因此店內也有很多復古的擺飾品。

☎075-221-4468 MAP附錄13A3
京都市中京区寺町通錦小路上ル円福寺前町277 阪急河原町站步行5分 14:00～20:00（週六、日、假日為12:00～※限1小時） 休週四 席42 P無

將旅行 One Scene 融入生活

BAKERY

京都雖然給人強烈的和食印象，但其實每年的麵包消費量據說是日本第一。因為是這麼熱愛麵包的城市，京都有很多個性十足的麵包店。其中，規模雖小但十分講究的店都集中在東西橫貫京都市區北部的「今出川通」上，是京都首屈一指的『麵包店街』，非常有名。

一到了麵包出爐的時間，街道兩旁的麵包店總是被常客擠得水泄不通，熱賣的麵包轉眼之間就賣光了……這種畫面也屢見不鮮。走在街道上，混在常客裡買麵包，到鴨川或京都御苑享用。想不想稍微體驗一下這種京都生活呢？

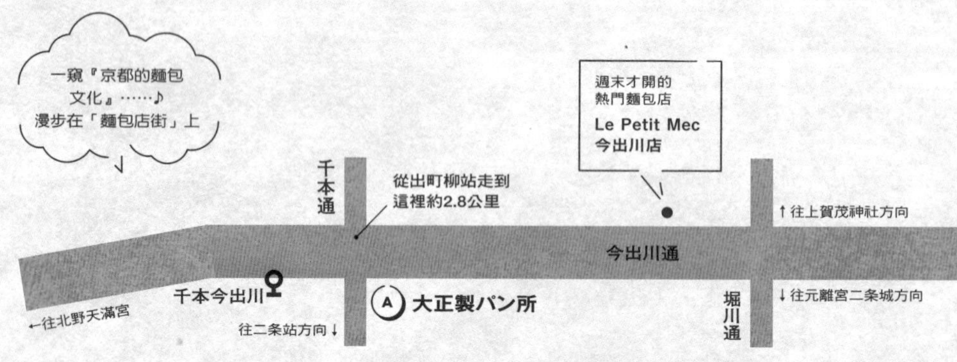

たいしょうせいぱんしょ

Ⓐ 大正製パン所

1919（大正8）年創業的老字號麵包店，目前由第3代守著這家店。從鹹麵包到甜麵包，陳列在店內的麵包每一種都是很傳統的風味。利用低溫長時間發酵帶出小麥香味的吐司及使用了中辣咖哩的咖哩麵包最暢銷。

☎075-441-3888 MAP 附錄P9A4
京都市上京区今出川通千本東入ル般舟院前町136 市巴士站千本今出川下車即到 8:30～18:00 休週日、假日 席10 P無

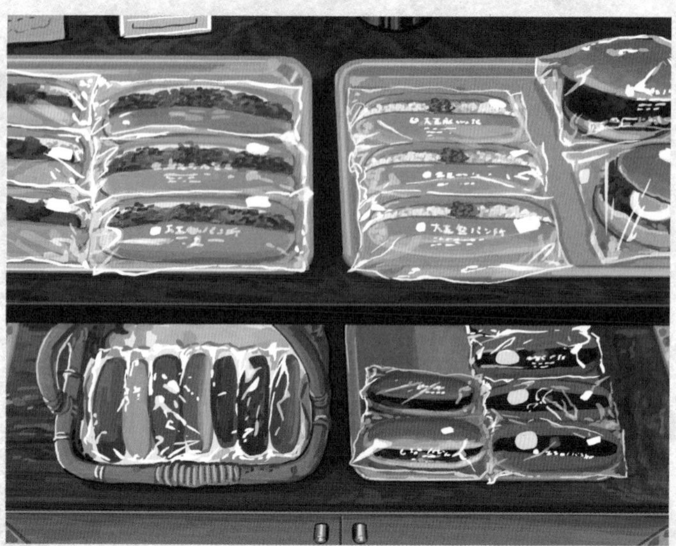

陳列著使用了招牌吐司，多彩多姿的三明治

ブランジェリー アルチザナル

boulangerie Artisan'Halles

有如精品店般時尚的店內陳列著在京都及法國修業20年的廚師自行研發的麵包。包括法國麵包在內，用講究的麵粉製作的硬麵包暢銷到經常中午以前就賣完了。

☎075-744-1839 MAP 附錄P8D4
京都市上京区今出川通寺町東入ル一真町89 京阪出町柳站步行3分
8:00～19:00 休週三、四 席4
P無

簡單大方的吧檯上陳列著宛如寶石般的麵包，每一個都很有個性

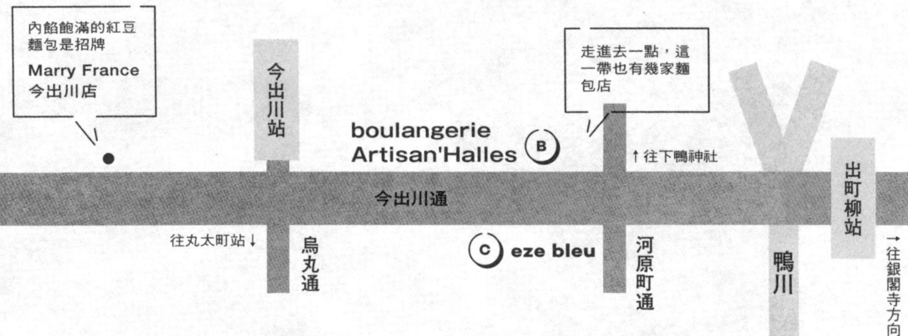

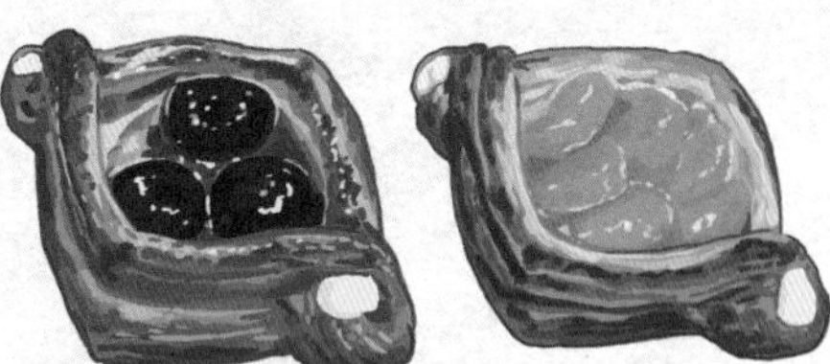

酥酥脆脆的丹麥麵包再加上卡士達醬和新鮮水果194日圓～

えず ぶるー

eze bleu

老闆嶋田先生聲稱「堅持採用能發揮小麥風味的作法」的麵包隨時都有150種。除了酥酥脆脆、口感絕佳很有特色的硬麵包以外，鹹麵包和甜麵包一應俱全。平易近人的價格也很有魅力。

☎075-231-7077 MAP 附錄P8D4
京都市上京区今出川通寺町西入ル大原口町212 カーサビアンカビル1F 京阪出町柳站步行7分 7:00～19:00 休週二、第3週一 P無

位於大樓1樓的烘焙坊，以紅色的屋頂為標誌

GOURMET GUIDE

招牌的抹茶聖代
請選擇『抹茶店製作的』

京都身為高優質抹茶的產地，充斥著以抹茶為主角的聖代。其中又以老字號茶舖製作的聖代，因為抹茶的品質很好，即使配料很多&份量十足，也可以一口接一口地吃完！

COMMENTED BY 山口春菜 WRITER

特選都路里聖代 1383日圓

冰淇淋、抹茶蛋糕、茶凍等抹茶配料滿滿的聖代高達25公分

祇園周邊

さりょうつじり ほんてん

茶寮都路里 本店

**即使排隊也要吃到！
充滿了抹茶的道地聖代**

由1860（萬延元）年開始製造及販賣茶的老字號——祇園辻利一手打造的甜點店。非常有名，人多的時候大約得排上1小時，排在店門口的人龍甚至可以說是祇園的特色。使用了高品質、香味迷人的抹茶製成的甜點中，特別推薦一共有8種以上的聖代。

SHOP DATA

☎075-561-2257
MAP 附錄P12D4
京都市東山区四条通祇園町南側573-3 京阪祇園四条站步行3分
10:00～21:00LO（週六、日、假日為～20:30LO）休無休 席72 P無

SOUVENIR

抹茶蛋糕
80克648日圓

在口中擴散開來的抹茶風味與濕潤紮實的口感令人難以抗拒！

抹茶餅乾
50克594日圓

可以感受到抹茶恰到好處的苦澀，口感輕盈又酥脆的餅乾

京都站周邊

なかむらとうきちきょうとえきみせ

中村藤吉京都站店

1854（安政元）年在宇治創業的茶舖分店，京都市內只有這家店才能吃到甜點。包括上頭妝點著「十」字商標的聖代在內，大部分的店家自製甜點都使用了香氣四溢的抹茶。因為是車站內的店舖，販賣著琳瑯滿目的伴手禮也很令人高興。

☎075-352-1111
(JR京都伊勢丹・總機號碼)
MAP 附錄P5C2
京都市下京区烏丸通塩小路下ル塩小路町スバコ・ジェイアール京都伊勢丹3F　JR京都站即到　11:00～22:00　休 不定休　席38　P 1250輛(利用京都站大樓停車場)

抹茶聖代

（抹茶）1001日圓

加入了大量的招牌生茶凍及戚風蛋糕，是京都站店才有的菜單

SOUVENIR

生茶凍

391日圓

享受獨特的QQ口感及清爽的抹茶香味

四条、河原町周邊

きょうはやしや さんじょうてん

京はやしや 三条店

由創業超過250年的老字號茶舖—林屋監製。以抹茶或焙茶製成的甜點自不待言，以「直接吃茶葉」為主題的茶蕎麥麵及抹茶鹹粥等正餐的菜單也一應俱全。位於大樓的6樓，窗外就可以看到鴨川的靜謐立地也很有魅力。

☎075-231-3198
MAP 附錄P13C2
京都市中京区三条通河原町東入ル中島町105 タカセビル6F　京阪三条站步行3分　11:30～21:00LO
休 無休　席70　P 無

抹茶聖代

875日圓

盛滿了抹茶凍的簡單聖代。香甜多汁的鳳梨具有畫龍點睛的效果

SOUVENIR

抹茶牛奶粉

200克1296日圓

可以熱飲，也可以用冰水沖泡！輕鬆就能泡出圓潤溫和的抹茶牛奶

GOURMET GUIDE

真的好好吃 好想吃美味的蕨餅

滑溜又清涼的外觀、入口即化的溫和口感。
因為是對蕨粉及水非常講究，細心製作的蕨餅，美味的程度果然還是大不相同。

COMMENTED BY 鈴木誠一 PHOTOGRAPHER

（四条、河原町周邊）

遊形サロン·ド·テ

Yuukeisarondote

由老字號旅館俵屋旅館監製的沙龍。由明治時代的町家改建而成的空間很有魅力，從偌大窗戶看到的庭院和北歐家具的室內設計，呈現出優雅又洗練的氣氛。招牌的蕨餅擁有非常美麗的琥珀色，是提供給下榻旅館的客人特別的招待。

☎075-212-8883 MAP 附錄P13A1
京都市中京区姉小路通麩屋町東入ル 地下鐵京都市役所前站步行5分 11:00～18:00 休週二(4·11月無休) 席13 P無

1 用國產本蕨粉及湧泉製成俵屋的蕨餅（附煎茶或者是焙茶）2050日圓 2 光線灑落進來的窗邊是特等席 3 精雕細琢的室內設計也很引人注目

（祇園周邊）

ぎおんとくや

ぎおん徳屋

在甜點店鱗次櫛比的祇園中，名氣也算是數一數二的店。善哉或紅豆湯各1000日圓等等，在高品質的甜點中，最想吃的還是滑溜彈牙的蕨餅。用本蕨粉製成的口感入口即化，和三盆糖的甜度十分優雅，只要吃過一次就會上癮。

☎075-561-5554 MAP 附錄P12D4
京都市東山区祇園町南側570-127 京阪祇園四条站步行5分 12:00～18:00(售完打烊)
休不定休 席40 P無

1 沾黃豆粉和黑蜜品嘗剛做好的蕨餅1200日圓 2 簡單大方的日式裝潢令人印象深刻的店內。除了一般座位以外也提供和式座位 3 座落在花見小路通。熱門到店門口經常大排長龍

京都御所周邊

さりょう ほうせん

茶寮 宝泉

和菓子店あずき処「宝泉堂」開的茶寮。在日本民宅的店內可以品嘗到接受點單才開始做的蕨餅。獨特的色澤和恰到好處的彈性令人愛不釋口。還有5～6種師傅當天現做的當季生菓子。

☎075-712-1270 MAP 附錄P8E3
京都市左京区下鴨西高木町25 JR京都站搭市巴士206系統46分，下鴨東本町下車，步行3分 10:00～17:00（16:45LO） 休週三、四（逢假日則翌平日休） 席9 P6輛

1 欣賞庭園的等待時間也是樂趣之一 2 掀開暖簾便映入眼簾的石板路也很有情調 3 本蕨粉100%的蕨餅1100日圓 4 店內也販賣外帶用的和菓子

嵐山、嵯峨野

おいまつ あらしやまてん

老松 嵐山店

創業於1908（明治41）年的和菓子店分店，附設茶房的只有嵐山店。以加入了冰水的清涼容器提供使用了珍貴的九州產本蕨粉的本蕨餅。將特製黃豆粉和降低甜度的黑蜜淋在柔韌彈牙的蕨餅上享用。

☎075-881-9033 MAP 附錄P18B3
京都市右京区嵯峨天龍寺芒ノ馬場町20 嵐電嵐山站步行3分 9:00～17:00（喝茶為9:30～16:30） 休不定休 席33 P無

1 入口即化的本蕨餅1296日圓 2 庭園裡配置著青苔及手水缽的景色也很雅緻 3 座落在靠近天龍寺及渡月橋的嵐山中心地 4 本店位於花街上七軒的老字號

GOURMET GUIDE

已經是京都的文化了！去吃大受居民好評的刨冰

一提到京都炎熱夏天的樂趣，莫過於每家店都各有其特色的刨冰♪
從冰的選擇到刨法、糖漿的作法等等，各式各樣的工夫令人大受感動。

COMMENTED BY 山口春菜 WRITER

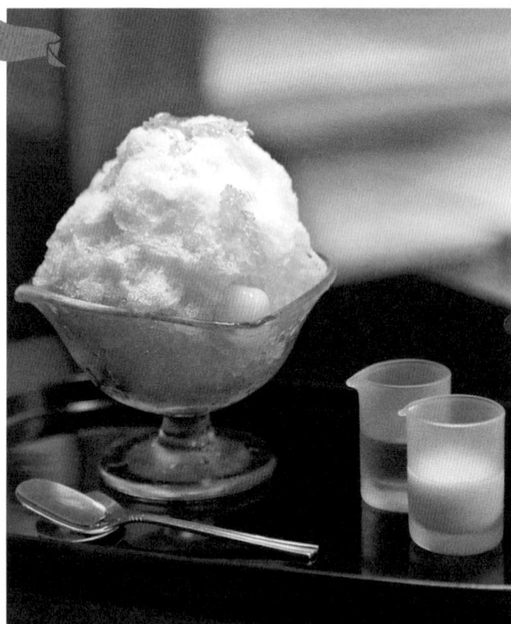

四条、河原町周邊

だいごくでんほんぽ ろっかくてん せいえん

大極殿本舗 六角店 栖園

冰涼的口感非常特別 薄荷口味的刨冰

以據說是京都第一家蜂蜜蛋糕的「春庭良」打開知名度的和菓子店開的茶房。在利用屋齡140年以上的町家改建而成的店內，可以品嘗到洋溢著季節感的甜點。刨冰從宇治時雨650日圓等常見的口味到梅酒霙730日圓等特殊的口味，只有6～9月才吃得到。

SHOP DATA

☎075-221-3311
MAP 附錄P11B2 京都市中京区六角通高倉東入ル南側 地下鐵四条站步行5分 10:00～17:00
休週三 席16 P無

1 包括牛奶薄荷700日圓在內，刨冰只有夏天才供應 2 茶房附設於販賣空間的後面 3 在面向明亮庭院的特等席悠閒地度過極樂的片刻 4 也很推薦口味每個月都會變換的招牌甜點琥珀流660日圓

1 店內瀰漫著穩重的日式氛圍 2 草莓牛奶及奇異果等等，淋上5種糖漿來吃的刨冰「彩雲」1512日圓

京都御所周邊

にじょうわかさや てらまちてん

二條若狹屋 寺町店

1917（大正6）年創業的和果子店分店，2樓附設有甜點店。除了充滿季節感的生果子之外，一整年都提供用京都的地下水製作的冰再淋上手工蜜的刨冰。

☎075-256-2280 MAP 附錄P6D2
京都市中京区榎木町67 地下鐵京都市役所前站步行5分 10:00～17:00※夏天有時候會提早打烊(門市為9:00～18:00) 休週三 席20 P無

祇園周邊

ぎおんしもがわらぺーじ わん

祇園下河原page one

在京都開了100年以上的老字號冰店——森田冰室本店所經營的咖啡廳＆酒吧。以透心涼的冰塊容器提供的刨冰，是冰店才想得到的奢侈作法。請淋上新鮮水果的現擠蜜來吃。

☎075-551-2882 MAP 附錄P14D2
京都市東山区河原町通八坂鳥居前下ル上弁天町435-4 市巴士站京都駅前搭206系統19分，東山安井下車即到 11:00～24:00(18:00～為酒吧時段※低銷300日圓) 休週三 席30 P無

1 風味清爽的現擠檸檬冰800日圓。一年四季都提供刨冰 2 由町家改建而成的店內讓人感覺賓至如歸

1 後面可以看到庭院的吧檯座 2 淋上宇治．永谷宗園的抹茶糖漿來吃的天然冰刨冰＋抹茶宇治金時1200日圓

祇園周邊

ぎおんにち

祇園NITI

利用原本就是茶屋的建築物改建而成的店內非常有情調。一整年都可以享用到由櫪木縣日光的製冰師傅製作的天然冰刨冰。除了甜點以外，也推薦糯米飯鍋巴的茶碗蒸1500日圓等午餐。

☎075-525-7128 MAP 附錄P12D4
京都市東山区祇園町南側570-8 京阪祇園四条站步行7分 咖啡廳11:00～17:30LO、酒吧19:00～翌日2:00(酒吧時段不提供咖啡菜單) 休咖啡廳為週三、酒吧為週日(逢連假則最後一天休) 席37 P無

GOURMET GUIDE

時間輕輕柔柔地流逝，在古典的咖啡廳裡享用甜點

在四周都是古董家具的空間裡，沉醉在昭和的文化裡。
瞬息萬變的日常生活中，來到這裡就能在不變的氣氛裡感到安心。

COMMENTED BY 神田聰子 WRITER

1

（祇園周邊）

デザートカフェ長楽館

Dessert Café CHOURAKUKAN

**在古典的迎賓空間裡
感受當貴婦的心情**

將1909（明治42）年以香菸發大財的企業家村井吉兵衛興建的別墅改建成咖啡廳及飯店。當時做為迎賓館使用，還留下許多古董家具及擺飾品。點下午茶（需預約）的話，就會被帶到洛可可風、裝飾得美輪美奐的特別室「迎賓廳」。

SHOP DATA

☎075-561-0001 MAP 附錄P12F4
京都市東山区八坂鳥居前東上ル円山町604 市巴士站祇園步行5分 10:00～20:30(下午茶為12:00～18:00) 休不定休
席20 P10輛

2

3

1 只有點下午茶的人才能進去的迎賓廳 2 除了下午茶4000日圓（2人以上起餐）以外，其他房間也提供司康648日圓等等 3 水晶大吊燈和暖爐也都是沿用迎賓館時代的物品

四条、河原町周邊

フランソア喫茶室

FRANCOIS喫茶室

播放著古典音樂的名曲咖啡廳，雅緻空間同時也是國家登記有案的有形文化財產。巴洛克風格的裝潢及紅色的天鵝絨椅子營造出感覺很莊重的氣氛。不妨一面欣賞蒙娜麗莎的複製畫等繪畫，享用道地維也納風味的沙河蛋糕或起司蛋糕。

☎075-351-4042 MAP 附錄P13B4
☗京都市下京区西木屋町通四条下ル 阪急河原町站步行3分 10:00～22:40LO 休夏天會公休2天 席80 P無

1 復古的招牌及店內的小東西都很可愛 2 沙河蛋糕 套餐1250日圓 3 以豪華客船為設計概念的店內 4 配置著彩繪玻璃的外觀很顯眼

四条、河原町周邊

つきじ

築地

第一代老闆收集回來的各種擺飾，例如西式煤油燈及巨大的時鐘，裝飾著充滿了莊重氣氛的空間。哥德風格的古典氣氛讓人忘卻都會的喧囂。不妨一手拿著號稱是最初引進京都的維也納咖啡，度過優雅的下午茶時光。

☎075-221-1053 MAP 附錄P13B3
☗京都市中京区河原町通四条上ル一筋目東入ル米屋町
阪急河原町即到 11:00～21:30 休無休 席60 P無

1 自昭和9年（1934）創業以來，就堅守著古典的氣氛 2 維也納咖啡與蛋糕的套餐1000日圓起 3 讓人想到歐洲的街頭 4 裝飾品也有超過50年以前的東西

GOURMET GUIDE

溫暖的空間撫慰著人心♪ 還是最愛町屋LOVE

吸納了自然光線的庭院及散發出溫度的木造建築物，不僅功能性十足，也與自然巧妙地融合。在充滿了前人生活智慧的町家裡吃的飯感覺特別美味。

COMMENTED BY 山口春菜 WRITER

（四条、河原町周邊）

あうーむ

AWOMB

2014年從北白川搬到這裡以來，每天都大排長龍的熱門店。上門的顧客全都是衝著把蔬菜及生麩等30種食材放在白飯上享用的手織壽司。充滿開放感的町家氣氛當然不用說，擺放在盤子上，色彩繽紛餐點也令人回味無窮。

☎075-204-5543 MAP 附錄P11A2
京都市中京区蛸薬師通新町東入ル2軒目姥柳町189 地下鐵四条站步行6分 12:00～15:00LO、18:00～20:00LO 休不定休 席24 P無

1 從大片窗戶可以看到庭院的摩登店內。據說改建工程是由工作人員一起進行的 2 精緻的外觀與可以享受自己動手做之樂的手織壽司1680日圓

1 在富有溫度的町家裡融入了西洋家具的空間，讓人感覺賓至如歸 2 也販賣可以讓人外帶的塔 3 使用了當季蔬菜的雞肉咖哩850日圓是午餐菜單的招牌菜

（四条、河原町周邊）

かふぇ まーぶる ぶっこうじてん

cafe marble 仏光寺店

在屋齡100年的原木材商家的店內可以享用到多彩多姿的手工塔及鹹派。因為是由設計公司一手打造的，配置有古董沙發的店內及描繪著小熊圖案的店卡等等，每樣東西都非常精緻、非常可愛。

☎075-634-6033 MAP 附錄P11B3
京都市下京区仏光寺通高倉東入ル西前町378 地下鐵四条站步行7分 11:30～21:30LO（週日為～19:30LO） 休週三（逢假日則翌日休） 席22 P無

（京都站周邊）

フランス料理店 ア・プ・プレ

フランス料理店a peu pres

沿用了約100年前的建築物，據說幾乎和當時一模一樣，不曾再多做加工，保留傳統的町家空間。在法國拜師學藝的女廚師所做的餐點，以大量的蔬菜入菜，全都是風味細緻的家常菜。口味很正統，但是又相當合理的訂價也很有魅力。

☎075-361-3231 MAP 附錄P11A4
京都市下京区的場通新町東入ル銭屋町249 地下鐵五条站步行5分 11:30～13:00LO、18:30～20:00LO 休 週日、一、週二的中午 席16 P無

1 葡萄藤蔓及鋪滿苔蘚的磚牆外觀很有情調 2 從店內可以看到庭院 3 中午只有每天更換菜色的午間全餐2100日圓。照片為其中一道

1 挺拔的樑柱及蟲籠窗等等，到處都流露出町家的意趣 2 附上6種每天更換的小菜，omo café套餐1150日圓 3 要脫鞋才能上座，所以能充分地放鬆

（四条、河原町周邊）

おも かふぇ

omo café

由法國餐廳「o・mo・ya」監製的咖啡廳。以法國菜為基礎，融入了日本食材的創意美食及甜點一應俱全。保留著粗樑柱的2樓和式座位及利用倉庫改建的包廂、榻榻米的客廳等等，每個樓層的氣氛都不一樣，也很吸引人。

☎075-221-7500 MAP 附錄P13A3
京都市中京区錦小路通麩屋町上ル梅屋町499 阪急河原町站步行6分 11:00～21:30LO 休不定休 席60 P無

GOURMET GUIDE

大排長龍也想吃到！
湯頭是重要關鍵的丼飯&麵

使用了精挑細選的食材，花很多時間製作的高湯與配料形成天作之合的飯與麵，
店家的講究全都濃縮在這一碗裡了……就是這種感覺。

COMMENTED BY 後藤藍子 WRITER

1 以吧檯為主的摩登店內 2 平日也會大排長龍 3 炸土牛蒡烏龍麵920日圓

銀閣寺、哲學之道周邊

やまもとめんぞう

山元麵蔵

以精挑細選的麵粉製作的手打麵，具有Q彈的嚼勁，但是入口十分滑順，非常好吃。麵條充分地吸附了以利尻昆布為基底的圓潤高湯。招牌菜炸土牛蒡烏龍麵，充分滲入天麩羅麵衣的高湯風味與香氣逼人的牛蒡十分對味。

☎075-751-0677 MAP 附錄P17A3
京都市左京区岡崎南御所町34 市巴士站岡崎公園動物園前步行3分 11:00～18:00(週三為～14:30)※麵賣完就打烊 休 週四、第4週三 席18 P無

祇園周邊

ひさご

ひさご

1930（昭和5）年創業的老字號。衝著也外送給茶屋的京都風味高湯丼飯及麵，白天也吸引了很多人來排隊。至於網路上評價很好的親子丼，用青花魚片＆昆布製成的湯頭甘甜爽口，與雞肉交織成絕妙的好滋味。建議撒上一小撮山椒來享用。

☎075-561-2109 MAP 附錄P14D2
京都市東山区下河原通八坂鳥居前下ル下河原町484 市巴士站東山安井步行3分 11:30～19:15LO 休 週一（逢假日則翌日休） 席28 P無

1 親子丼1010日圓，放上了濃稠順口的半熟蛋 2 數十年如一日的風味受到長久的支持

祇園周邊

そうほんけにしんそばまつば ほんてん
総本家にしんそば松葉 本店

從1861（文久元）年開到現在的蕎麥麵店，是「鯡魚蕎麥麵」的發祥店，據說是由第二代老闆發明的。用煮整條鯡魚的湯汁製成甘甜柔和又優雅的京都風味高湯是美味的關鍵。也販賣外帶用的兩人份1296日圓。

☎075-561-1451 MAP 附錄P13C4
京都市東山区四条大橋東詰 京阪祇園四条站下車即至 10:30～21:00LO（有季節性變動） 休 週三（逢假日則營業） 席130 P無

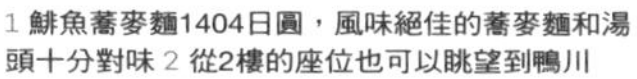
1 鯡魚蕎麥麵1404日圓，風味絕佳的蕎麥麵和湯頭十分對味 2 從2樓的座位也可以眺望到鴨川

1 開了100年以上的老字號 2 衣笠烏龍麵900日圓

四条、河原町周邊

ごんたろ
権太呂

用3種柴魚＆羅臼昆布熬煮的高湯與口感彈牙的寬版京都式麵條是其特徵。除了用雞蛋把豆皮及蔥封在裡面的衣笠烏龍麵以外，也提供涮京都風烏龍麵的權太呂鍋全餐。風格獨具的數寄屋造形的建築物也很有京都風味。

☎075-221-5810 MAP 附錄P13A3
京都市中京区麩屋町通四条上ル桝屋町521 阪急河原町站步行5分 11:00～21:00 休 週三 席130 P無

祇園周邊

ぎをん よろずや
祇をん 萬屋

招牌菜是放上7～8棵清脆可口的九条蔥的蔥烏龍麵。因為使用的是由簽約農家直接送來的新鮮蔥，水嫩的口感和撲鼻的香味非常迷人。蔥烏龍麵一旦材料用完就不供應了，所以要早點去吃。

☎075-551-3409 MAP 附錄P12D4
京都市東山区花見小路通下ル二筋目西入ル小松町555-1 京阪祇園四条站步行4分 12:00～19:30（週日、假日為～16:00） 休 不定休 席14 P無

1 蔥烏龍麵1300日圓 2 位於祇園心臟地帶的店

GOURMET GUIDE

利用便宜的午餐時段 享用美味的京都蔬菜

以京都蔬菜入菜的店，如今不只有日本料理。上賀茂及大原等京都的農園生產的蔬菜與好手藝的廚師合作，色香味俱全＆健康的義大利菜或法國菜都令女性客人留連忘返。

COMMENTED BY 後藤藍子 WRITER

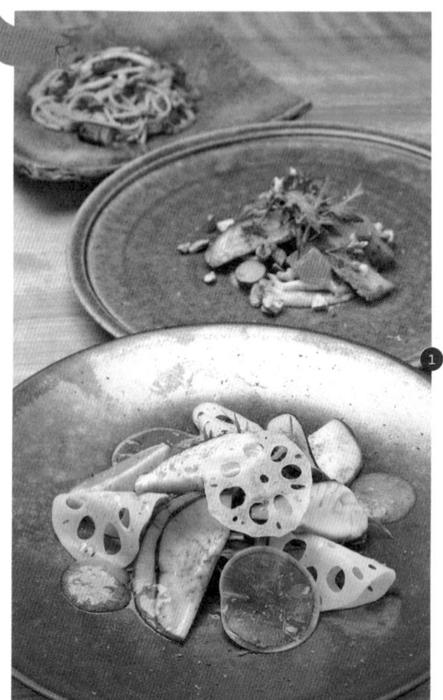

四条、河原町周邊

おばせ

Obase

使用了創新的食材 單純&輕盈的義大利菜

在IL GHIOTTONE及レストランよねむら等京都的知名餐廳拜師學藝的小長谷主廚獨立創業的店。以義大利菜為基底，再加入讓人聯想到日本料理的變化，味道簡單，又能吃到食材的原味。

☎075-211-6918 MAP附錄P13B1 京都市中京区河原町通三条上ル恵比須町534-39 地下鐵京都市役所前站步行4分 12:00～13:30LO、18:00～21:30LO 休週三 席24 P無

1 土魠拌梅醬的前菜、烤糯米豬的里肌肉、秋刀魚義大利麵。全都是午間全餐4000日圓的菜色 2 於2015年3月開幕的店 3 也請矚目可愛的刀叉及餐具 4 殘留著町家風情的2樓座位區

當天全餐的蔬菜們

間拔菜

京都，田鶴農園產的間拔茶和秋刀魚一起加到義大利麵裡

紅芯蘿蔔

顧名思義，裡面紅、外面白的蘿蔔。比較不嗆辣，所以生的就很好吃了

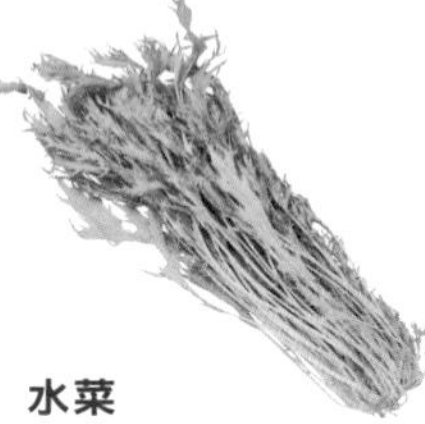

水菜

用來製作前菜的水菜與煎過的土魠非常對味

紅色大頭菜

切成薄片，做成前菜的紅色大頭菜具有清脆的口感。使用的是石割農園產的紅色大頭菜

1 充滿流行感的店內寬敞明亮 2 今日午餐1380日圓，直接向農場進貨的蔬菜創造出溫和的風味

四条、河原町周邊

きょうのおかず

きょうのおかず

進駐於附設有果菜行及農場功能的設施—京都八百一本館的餐飲店。使用了大量來自全國各地的當季新鮮蔬菜的定食一應俱全。定食除了任君挑選的主菜以外，還附上幾種小菜，這點也很貼心。

☎075-223-2370 MAP 附錄P11B2
京都市中京区東洞院通三条下ル三文字町220八百一本館2F 地下鐵四条站步行5分 11:00～15:00 休週二 席30 P無

京都御所周邊

えぴす

épice

由屋齡100年的町家改建而成的法國餐廳。全餐一共有10～12道菜，雖然多了點，但是以蔬菜為主，吃下來一點負擔也沒有。甜點也用上了蔬菜，例如牛蒡冰淇淋及紅蘿蔔烤布蕾等等。

☎075-222-2220 MAP 附錄P8D4
京都市中京区寺町通今出川下ル真如堂前町105
市巴士站河原町今出川即到 11:30～13:30LO、17:30～20:00LO 休週三 席34 P無

1 每月更換菜單的午間全餐2376日圓中的前菜拼盤（一例）
2 店的構造狹長，是京町家的特徵

1 1樓為吧檯座、2樓則有一般座位區 2 3800日圓的午間全餐中的小菜、前菜、糯米豬排

京都御所周邊

レストラン 青いけ

Restaurant青いけ

使用了五顏六色的蔬菜，色香味俱全的餐點很受女性喜愛。從大原及北山、美山等地採購回來的蔬菜自不待言，肉和魚也會配合訂位狀況每天進貨。3800日圓的午間全餐可以用到大約30種的蔬菜。

☎075-204-3970 MAP 附錄P6D2
京都市中京区竹屋町通高倉西入ル堺之内町631
地下鐵丸太町站步行3分 12:00～13:30LO、18:00～21:00LO 休週一 席20 P無

GOURMET GUIDE

你知道京都其實有很多知名的肉類餐廳嗎？

京都的牛肉消費量其實是全國數一數二的。從花街的舞妓們也很喜歡的牛排店到肉類料亭、掀起話題的熟成肉餐廳等等，都是不容錯過的熱門美食，絕非曇花一現。

COMMENTED BY 神田聰子 WRITER

京都御所周邊

はふうほんてん
はふう本店

老闆的老家就是精肉店，選肉的眼光超一流。不侷限產地，選用當天最好的肉是這家店的作風。中午以套餐菜單為主，晚上除了有全餐及單點以外，有很多舞妓都是忠實顧客的豬排三明治1900日圓等等，外帶的菜色也很受歡迎。

☎075-257-1581 MAP 附錄P6D2
京都市中京区麩屋町通夷川上ル笹屋町471-1 地下鐵京都市役所前站步行10分 11:30～13:30LO、17:30～21:30LO 休週三 席36 P無

1 據說只用了少許鹽調味的沙朗牛排（夜）4800日圓，軟嫩多汁 2 可以在摩登裡融入了和風要素的店內好好地放鬆一下 3 為坐落在閑靜街道上的店，入口的紅色門簾是其標誌

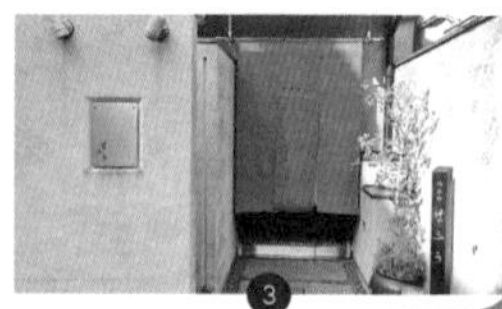

四条、河原町周邊

やきにくしおほるもん あじぇ まつばらほんてん
焼肉·塩ホルモン アジェ 松原本店

以京都市內為中心，開了好幾家分店的燒肉店，容易親近的大眾化氣氛是其魅力所在。小腸可以說是這家店的招牌菜色，除此之外還可以用合理的價格吃到品質極佳的內臟。紅肉、白肉都有10種以上的內臟可以選擇鹽烤或醬烤的調味。

☎075-352-5757 MAP 附錄P11C3
京都市下京区西木屋町通松原上ル東側 美松会館1F
阪急河原町站步行9分 18:00～23:00LO（週六、日、假日為17:00～）休週四 席38 P無

1 入口即化的柔軟小腸648日圓（前方） 2 油脂滋地一聲流出來的樣子令人難以抗拒！ 3 只有在18時開店就同時進場才能訂位

1 改建自町家的空間也很漂亮 2 晚上的主廚推薦全餐6850日圓中的近江午五種拼盤、前菜、冷盤

京都御所周邊

かもがわたかし
鴨川たかし

使用了向滋賀縣的岡崎牧場進貨的近江日野牛，是肉懷石的店。近江日野牛利用長時間飼養的方式讓美味及香氣更上一層樓。可以品嘗到由曾經在飯店裡工作過的主廚提供的懷石風格餐點。

☎075-231-6336 MAP 附錄P6D2
京都市中京区中町通竹屋町上ル末丸町265-1
京阪神宮丸太町站步行6分 11:00～13:30LO、17:30～22:00LO（中午、晚上都要預約）休 週二（逢假日則營業） 席31 P無

四条、河原町周邊

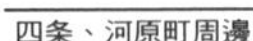

ル キャトーズィエム
LE 14e

足以代表京都的熟成肉餐廳。可以品嘗到在巴黎14區的名店Le Severo學習肉的肢解及烹調方法的茂野主廚製作的牛排。利用大量的油煎製，實現了外面香酥可口、裡面緊實多汁的口感。

☎075-231-7009 MAP 附錄P6D2
京都市上京区河原町丸太町下ル伊勢屋町393-3 ポガンビル2F 京阪神宮丸太町站步行5分 12:00～13:30LO、18:00～22:00（週六、日、假日只有16:00～22:00） 休 週三、四※週六、日、假日只有晚上 席10 P無

1 將表面烤到焦糖化的近江牛腿肉牛排100克2200日圓（照片為210克） 2 窗明几淨的店內，感覺就像是去到巴黎一樣

1 一推開門，葡萄酒窖便映入眼簾 2 將肉的美味全都封鎖在裡面的十勝香草牛的牛排100克2200日圓（250克以上起餐）

四条、河原町周邊

シトロン ブレ
Citron Blé

可以品嘗同時也是侍酒師的女性店長精挑細選的葡萄酒和香酥爽口的牛排。晚上才有，使用了熟成肉的牛排由於表面烤得酥酥脆脆，比看起來還要清爽無負擔。讓人一口接一口。

☎075-708-6664 MAP 附錄P13A3
京都市中京区麩屋町通四条上ル桝屋町514 コリスアルタス1F 阪急河原町站步行5分
12:00～15:30、17:30～23:30 休 週一（逢假日則翌日休）、週二不定休 席38 P無

GOURMET GUIDE

夏天才有的樂趣！去鴨川的納涼床開眼界

為了度過炎熱的夏天，一定要有冰涼的啤酒和鴨川納涼床。
京都怎麼能少了這個！會讓人忍不住這麼想的風景。

COMMENTED BY 山口春菜 WRITER

WHAT'S『鴨川納涼床』？

指的是鴨川沿岸的餐飲店在5～9月設置的戶外座位。大家可能會以為門檻很高，但最近也有很多比較親民的店。請注意！在川床區營業的午餐只有5、9月才提供。

Check! 貴船的『川床』

知名度與鴨川納涼床不分軒輊的是5～9月之間，由貴船區的餐飲店推出的川床。由於是將甲板鋪設在河的正上方，透心涼的清涼感猶勝鴨川。 【貴船特輯】→P142

1 繽紛的蔬菜美不勝收的晚間A全餐4000日圓，附義大利麵及主菜、甜點 2 將桌椅設置在眼前就是南座的河岸上

四条、河原町周邊

クワトロ·セゾン

QUATRE SAISONS

將京都蔬菜加入義大利麵及肉類等菜色裡的京都風味義大利餐廳。以蔬菜為主的晚間A全餐使用了約20種蔬菜。食材及餐具等等也都融入了日本的要素，全餐的上菜順序及調味則保持義大利菜的正統作法。

☎075-213-3582 MAP 附錄P13C3
京都市中京区先斗町通四条上ル鍋屋町232-12
阪急河原町站步行3分 11:30～14:00LO、18:00～22:00LO 休不定休 席32 P無

四条、河原町周邊

スターバックス コーヒー 京都三条大橋店

星巴克咖啡京都三条大橋店

夏天也可以在涼爽的川床上品嘗眾所熟悉的咖啡。座落在三条大橋的橋墩，只在5～9月登場，宛如露台的河畔座位非常有情調。真不愧是星巴克，就連店面的裝潢也配合當地的文化！

☎075-213-2326 MAP 附錄P13C2
京都市中京区三条通河原町東入ル中島町113
京阪三条站即到 8:00～23:00 休不定休
席121 P無

1 四周的圍欄比較低，令人心曠神怡的涼風陣陣吹來 2 星巴克那堤399日圓、巧克力碎片司康248日圓，全都是大受歡迎的品項

1 晚上的宴席全餐5500日圓中，透心涼的八寸及生魚片、前菜。使用香魚或海鰻等大量的當季食材入菜 2 河邊的座位十分寬敞，可以悠哉遊哉地盡情放鬆

京都御所周邊

かっぽう ろこ

割烹 露瑚

利用以前是旅館的建築物改建而成的店內別具風情，是很適合用來品嘗道地日本料理的空間。川床午餐2500日圓等等，中午比較簡單的菜單自不待言，晚上的宴席全餐及單點菜色也很齊全。用陶鍋細火慢煮的飯堪稱人間美味。

☎075-212-0297 MAP 附錄P11C1
京都市中京区木屋町通御池上ル上樵木町491-6
地下鐵京都市役所前站即到 11:30～14:00LO、17:30～21:30LO 休不定休 席40 P無

GOURMET GUIDE

現在最想去的是
不用太正襟危坐的日本料理店

正因為有優質的佳餚和美酒，才能度過身心舒坦的時光。
風味道地，氣氛輕鬆的日本料理店，是犒賞自己時會想去的店。

COMMENTED BY 秀平琢磨 PHOTOGRAPHER

祇園周邊

ぎおん わしょくかっぽう しらかわたむら

祇園 和食割烹 白川たむら

日本與西班牙菜的融合！
這裡有獨特的新日本料理

在日本料理的名店磨練過手藝，也在大阪的西班牙餐廳fujiya1935裡拜師學藝的老闆田村先生創造出色香味俱全的餐點。從宛如聖代的生魚片開始，奠定在和食的基礎上，再加上嶄新變化的全餐，每一道菜都充滿了驚喜。

SHOP DATA

☎075-533-8805
MAP 附錄P12E3 ☗京都市東山区祇園新門前通花見小路東入ル一筋目上ル JR京都站搭市巴士206系統23分，知恩院前下車即到 12:00～13:30LO、18:00～20:00LO 休不定休 席31 P無

1 前菜與生魚片、甜點全都包含在8000日圓的晚間全餐裡。中午和晚上都只供應全餐，中午提供5000日圓、晚上提供8000日圓和12000日圓的全餐 2 洗練的吧檯 3 也提供4～6人的餐桌式包廂 4 地點在祇園中也算是特別幽靜的

二条城周邊

おしょくじどころの ふくまつ

御食事処乃 福松

為利用座落在羊腸小徑上的町家改建而成的日本料理店，每季更換的餐點及隨時都有20～25種的日本酒為其賣點。餐點從附有一共7～8種小菜的八寸這種一湯三菜開始提供，然後就可以自由單點。從很下酒的燒烤及炸物到飯類，種類琳瑯滿目。

☎075-741-7138 MAP附錄P11A1
京都市中京区衣棚通六角上ル了頓図子町475-6
地下鐵烏丸御池站步行5分 18:00～23:30LO 休不定休 席14 P無

1 陳列在店內的裝飾品都很有味道 2 店內只有吧檯座位 3 一湯三菜附上每月更換的八寸及湯、燒烤，1620日圓 4 改建自原本被當成民宅使用的町家

四条、河原町周邊

わしょくとわしゅ みどり

和食と和酒 美碧

在老字號料亭和久傳等店拜師學藝的年輕老闆開的店。包括招牌菜的甲魚土瓶蒸，燒烤、下酒菜等種類豐富的單點菜色應有盡有。可以合理的價格＆居酒屋一般的感覺用餐，是很珍貴的一家店。海鮮丼1000日圓等等，午餐也請務必一試。

☎075-343-5345 MAP附錄P11C3
京都市下京区寺町通仏光寺下ル恵美須之町528 えびすテラス2F 阪急河原町站步行7分 12:00～13:30LO、18:00～23:00LO 休第四週二、三 席20 P無

1 感覺很輕鬆的座位 2 青花魚壽司650日圓、甲魚土瓶蒸1550日圓、自製葡萄乾奶油700日圓 3 可以看見烹調模樣的吧檯座 4 本店位於大樓的2樓

GOURMET GUIDE

美味×時髦
京都風味的酒吧

當地人和觀光客都一樣，走在夜晚的街道上都會有一股臉紅心跳的感覺。
「今天想喝點小酒」的時候，京都有很多可以輕鬆走進去的店，果然是個很棒的城市呢。

COMMENTED BY 後藤藍子 WRITER

四条、河原町周邊

いる らんぽ

IL LANPO

可以輕鬆地品嘗到葡萄酒和道地的義大利菜

以站著喝的吧檯迎接客人的店內，洋溢著融合了義大利餐廳與西班牙酒吧的爽朗氣氛。正統的窯烤比薩等單點菜色及杯裝葡萄酒的種類十分豐富，即使是第一次嘗試站著喝的人，也能輕易地樂在其中。從白天就開始營業這點也很令人開心。

☎075-212-8525 MAP 附錄P13B1
京都市中京区河原町通三条上ル2筋目東入ル恵比須町534-29 地下鐵京都市役所前站步行5分
15:00～翌日1:00 休 不定休 席 36(站著喝20人) P 無

1 也有很多常客的吧檯總是熱鬧非凡 2 串燒牛腓力1050日圓、特雷維索菊苣和豬頰肉培根的沙拉1000日圓 3 店內深處也有餐桌式的座位區 4 每天更換菜色的下酒菜cicchetti也很齊全

1 4種起司&蜂蜜比薩1380日圓，豆腐和酪梨&鮭魚卵700日圓等等 2 座落在閑靜的街道上，也有獨自前來的女生！ 3 不妨邊聽店員介紹味道的特徵邊選啤酒

京都御所周邊

びあ ぱぶ たくみや

BEER PUB TAKUMIYA

每日更換精釀啤酒 種類豐富到令人眼花繚亂

特別推薦寫在黑板上，約10種的精釀啤酒，小杯700日圓起。以在西日本生產的啤酒為主，老闆白石先生精挑細選的產品每天都不一樣，令人眼花繚亂。交織著日西和璧的風味，多彩多姿的餐點也很吸引人。

☎075-744-1675 MAP 附錄P11A1
京都市中京区押小路通東洞院西入ル船屋町400-1 地下鐵烏丸御池站步行3分 16:00～24:00(23:30LO) 休 不定休 席16 P無

1 炸魚&薯條800日圓，每天用的魚都不一樣 2 酒精類飲料也很充實，有整瓶的啤酒和調酒等等 3 店內同時也是民宿的櫃台，有很多外國人，洋溢著國際化的氣氛

四条、河原町周邊

れん

Len

賓至如歸&待起來很舒服的 國際化咖啡酒吧

這家咖啡酒吧開在流行時髦的民宿1樓，也歡迎非住宿的人。隨便愛坐哪裡就坐哪裡的店內，很多人會併桌，走開放式的路線。除了各地的精釀啤酒以外，由咖啡師煮的咖啡也大受矚目。

☎075-361-1177 MAP 附錄P11C3
京都市下京区河原町通松原下ル植松町709-3 阪急河原町站步行9分 8:00～24:00(咖啡廳為～22:00LO、餐廳為17:00～22:00LO、酒吧為17:00～23:30LO) 休 無休 席30 P無

1 店內的氣氛讓人感覺就像回到家一樣。也可以一個人坐在吧檯座喝酒 2 運用當季食材的大蒜紋甲烏賊928日圓

京都站周邊

こんれちぇ

CONLECHE

早上以西班牙的濃縮咖啡揭開一天的序幕，晚上為一手端著葡萄酒，邊吃些下酒菜的酒吧用餐方式，可以配合自己的時間光顧。手工製塔帕斯及牙籤小點、燉牛肚等菜色全都是會讓人聯想到西班牙的道地風味。

☎075-351-2211 MAP 附錄P11A4
京都市下京区烏丸通五条下ル大坂町392豊栄ビル102 地下鐵五条站步行即至 7:30～14:00LO、17:00～24:00(週六為7:30～24:00、週日為11:30～23:00) 休週一、週日上午 席30 P無

四条、河原町周邊

ますやさけてん

益や酒店

自2015年5月開幕以來，就是話題中心的日本酒酒吧。由於可以品嘗到琳瑯滿目的日本酒及用來搭配的單點菜色，以女性為主的顧客鎮日高朋滿座。隨時提供40種左右的酒，幾乎都是1杯90毫升450日圓。

☎075-256-0221 MAP 附錄P13A3
京都市中京区御幸町通四条上ル大日町426
阪急河原町站步行5分 17:30～23:30LO(週六、日為15:00～) 休每月1次不定休 席35 P無

1 沖漬螢烏賊400日圓、土佐醋漬西洋芹350日圓 2 店內也有可以輕鬆站著喝的空間

1 靠近京都站，也可以在搭新幹線前順道過去一趟 2 烤國產鹿肉1980日圓起，使用了新鮮且沒有腥味的肉。※價格可能會變動

京都站周邊

ばる わらく

バル ワラク

京都的知名小酒館洋彩waraku的姊妹店，走對牛肉及野生鳥獸等食用肉類非常講究的路線。多人分食的牛排當然不用說，單點菜色及杯裝葡萄酒也一應俱全，相當適合一個人小酌。

☎075-351-3899 MAP 附錄P5C1
京都市下京区七条烏丸北東角桜木町99ブーケガルニビル2F JR京都站步行3分 11:30～14:00LO、17:00～23:30LO 休不定休 席35 P無

尋找高品質的『手工藝品』前往京都作家雲集的地點

想要推薦給喜歡『手工藝品』的人，個性十足的作者開的商店雲集的老舊大樓及長屋
一邊在宛如迷宮般的愉快空間裡探險，尋找自己中意的作品。

COMMENTED BY 岩朝奈奈惠 EDITOR

1

2

3

4

5

（四条、河原町周邊）

つくるびる
つくるビル

散發全新魅力的復古景點

提供給藝術家及創意者的工作室空間，以「製作」為主題，改建自屋齡約50年的大樓。首飾、木工、金屬工藝各個領域的作家都在這裡開店。除了商店以外，還有藝廊及工作室、咖啡廳，也會不定期舉行座談會或活動。

MAP 附錄P11A4
京都市下京区五条通新町西入ル西錺屋町25　地下鐵五条站步行3分
休 依店舗而異　P 無

1 在大樓前談笑風生的作家店主們 2 樓梯上方還有藝術家姜智仙描繪的壁畫 3・4 外牆鋪滿了磁磚，眼前的天橋是其標誌 5 在五条通這邊的入口有1樓店舖的招牌

つくるビル1樓

ろあ どぅ しゃんぶる

Roi du chanvre

由設計師馬場小姐製作的首飾品牌。以黃銅及棉珍珠為中心，顏色較為低調，做成古董風格的商品為特徵。方便搭配衣服，即使是成熟的女性平常也能穿戴。

☎075-755-0166
つくるビル1樓 toiroC 11:30～18:00
休週二、三，偶有不定休

1 星型耳夾4104日圓 2 裝飾著星形水晶的星形戒指3240日圓

亞馬遜石與棉珍珠的項鍊14040日圓

搭配首飾氛圍的展示也很受歡迎

在店內深處的工作室裡，邊看店邊製作小東西

つくるビル1樓

めざんふぁん めしゅしゅ

mes enfants mes chouchous

由服裝、首飾的作家鹿野小姐與服裝、配件的作家星小姐一起開的工作室商店。古典又有女人味的連身洋裝及耳環等等，全都是會讓人開開心心地穿戴出門的商品。

☎無
つくるビル1樓 toiroJ 13:00～17:00
週二、三、四，偶有不定休

長版開襟毛衣34560日圓、連身洋裝31320日圓、手拿包3780日圓

使用了歐洲進口布料的蝴蝶結領帶5400日圓

個性很隨和的近藤小姐以笑臉迎接客人

つくるビル1樓

しるばー すみす ゆにーく

Silver Smith U29

店內陳列著以光線及水滴、手等各式各樣的圖案為形狀做成的獨樹一格的首飾。是金屬工藝作家近藤小姐親手製作而成，每一件都充滿了作者的心意。也有些作品使用了採集自琵琶湖的淡水珍珠。

☎無
つくるビル1樓 toiroB 10:00～18:00 週二，偶有不定休

以水滴為設計概念的sizuku戒指各9800日圓

Power of Hands 9500日圓。指尖是琵琶湖產的復古珍珠

以開在隔壁的澡堂—大黑湯為標誌，往充滿思古幽情的巷子裡走

清水寺周邊

あじきろじ
あじき路地

創作者都住在巷子底的長屋裡

為了讓致力於創作的人使用蓋了100年以上的長屋，房東安食先生從2004年開始招募房客。活躍於各個領域的創作者在此經營工作室。也有很多創作者從這裡離開之後，開了大有名氣的店。以新銳的年輕創作者雲集的長屋，深受各界矚目。

MAP 附錄P15A3
京都市東山区大黒町通松原下ル2丁目山城町284 京阪清水五条站步行5分 依店舖而異 P無

あじき路地令人中意的店

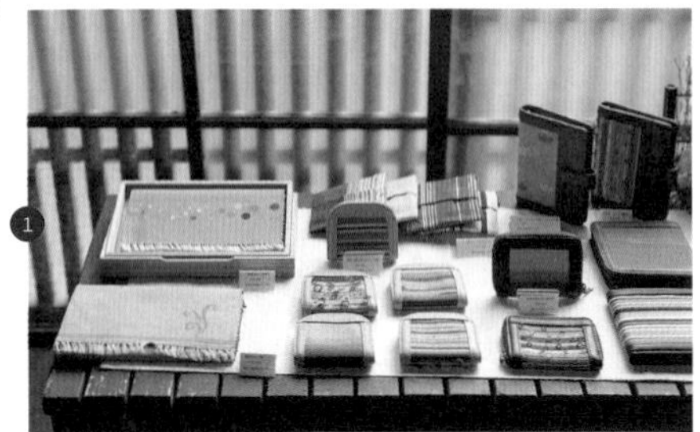

おりやまりきこ
織家まりきこ

陳列著石川真理小姐與岡本真紀子小姐兩人運用名為爪搔本綴織的西陣織技法製作的腰帶及手提包、配件。善用顏色很漂亮，表現力也很豐沛的本綴織特徵的商品很好搭配衣服。

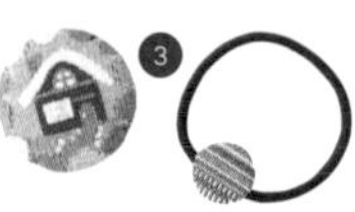

1 錢包及面紙盒等色彩鮮艷的配件類 2 和服身影非常符合町家的氣氛 3 設計得很可愛的胸針—糖果之家10800日圓，髮圈864日圓

無
あじき路地南2 11:00～18:00
※只有每月第3週六及下一個週日營業

ぶろー いん はうす
Blow in house

除了乾燥花及人造花以外，也販賣花瓶及花材。店內展示著五顏六色的花製成的花束及花圈。約100種的乾燥花也一應俱全，還能配合客戶的要求製作。

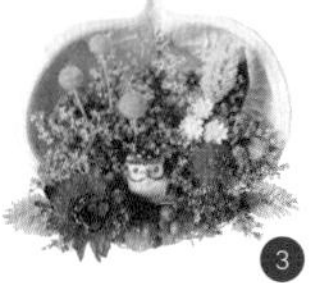

1 這家店開在あじき路地的最裡面 2 也會不定期地開設製作花束的教室等等 3 翅蘋婆1300日圓，讓人聯想到棲息著貓頭鷹的小森林

090-6552-0768
あじき路地北9 11:00～19:00
休 不定休

Column

優質的『手工藝品』聚集在生活型態商店裡

如果想找優質的『手工藝品』，切勿錯過作工講究的精品皆很有魅力的生活型態商店。
以下為大家介紹京都人也會去的熱門店。

1 各種型態的商品一應俱全 2 以堅果及香料混合成天然鹽，與蔬菜十分對味。埃及鹽袋裝830日圓、瓶裝880日圓 3 畫風大膽，在滋賀縣開工作室的矢島操先生製作的盤子，3780日圓 4 將法蘭德斯地方的麻，以日本的小巾織機織成的餐巾、手帕，各756日圓

銀閣寺、哲學之道周邊

けいぶんしゃ いちじょうじてん せいかつかん
恵文社 一乗寺店 生活館

購買與書有關的日常用品

陳列著從書店一惠文社販賣的書籍裡挑選出與衣食住有關的作品，及與這些領域有關的日常用品。由作家製作的容器及作工非常漂亮的蕾絲、仔細編織的麻製品、小嬰兒的帽子及襪子等等，密密麻麻地陳列著惠文社精挑細選的「好東西」。不妨好好享受書與雜貨令人愉悅的合作。

☎075-711-5919 MAP 附錄P8F3
京都市左京区一乗寺払殿町10 叡電一乘寺站步行3分 10:00～21:00 休無休 P11輛

四条、河原町周邊

きとね
木と根

全都是會讓人想用的生活用品

由老舊倉庫改建而成，販賣器皿及日常用品的店。店內有從全國各地收集回來的器皿及餐具、提籃等生活用品及衣服。所有的商品都是老闆林先生實際使用過，覺得好用的東西。以作家製作的東西為主，直接到工作室去拜訪而來的商品也很多。應該能找到可以運用在生活裡的東西。

☎075-352-2428 MAP 附錄P11A3
京都市下京区燈籠町589-1 地下鐵五条站步行5分 12:00～太陽下山 休週三、四 P無

1 彷彿生活中一道風景的展示方式 2 日常用品品牌fog linen work的黃銅湯匙，大1944日圓、小1296日圓 3 櫪木縣的陶藝家佐佐木恆子小姐製作的馬克杯，白2484日圓 4 木製咖啡濾紙座4104日圓。是京都的木工溝上吉郎先生的作品

將旅行One Scene融入生活

HANDMADE MARKET

手作市集…最近經常可以聽到這個字眼，而相當於其先驅的存在就在京都。那就是「百萬遍手作市集」。大約從30年前開始，每個月都會舉行，至今已經有名到甚至有人會組團去參加。這段期間，「手作市集」已經深植在京都的文化裡，目前一共有10個以上的市集。

既然如此，想不想到從當地人到外國人都能樂在其中的手作市集走走看看呢？光是邊走邊觀察帳篷就很好玩了，更開心的是與開店的人輕鬆地聊天。有很多熟面孔店舖的熱賣商品會在上午就賣光了，所以最好早一點去。

ひゃくまんべんさんのてづくりいち

百萬遍手作市集

每月15日在當地人暱稱為『百萬遍』的知恩寺內舉行。為京都手作市集的發祥地，林立著約450家店，是規模最大的市集。除了有為了與創作者們交流而前往的當地民眾，也能看見以逛手作市集為目的而組團前往的客人及外國觀光客。

☎075-771-1631（手作市集事務局） MAP 附錄P8F4
京都市左京区田中門前町103 京阪出町柳站步行7分
免費入場 每月15日的8:00～16:00（風雨無阻） P無

在百萬遍買東西♪

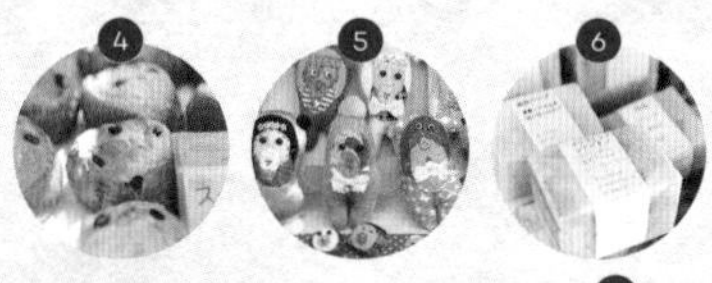

1 與店員聊天也很開心。會場的各個角落都充滿了歡聲笑語 2 就連展示方式也顯示出每家店的個性 3 招牌店長仔細沖泡出來的「御多福咖啡」總是大排長龍 4 市內外的知名麵包店也都會來開店，可以邊逛邊吃

5 發現令人眼睛為之一亮的絨毛玩偶。不知該怎麼形容的表情實在太迷人了 6 蠟筆色調很可愛的「つむぎ舍」手工肥皂，450日圓起 7 可以找到很多會讓人不小心就買下一堆的小東西

OTHER FAMOUS MARKETS

かみがもてづくりいち

上賀茂手作市集

登錄於世界遺產的上賀茂神社。『楢樹小川』流經綠意盎然的境內，河畔上會有約250家店參展。建議可以一面在樹蔭下休息，一面慢慢地散步。

☎075-864-6513(上賀茂手作市集實行委員會) MAP 附錄P9C1 ☗京都市北区上賀茂本山339 ‼市巴士站上賀茂神社前步行即到 ¥免費入場 🕒每月第4週日的9:00～16:00(風雨無阻) P無

うめこうじこうえんてづくりいち

梅小路公園手作市集

在京都水族館及2016年春天開幕的京都鐵道博物館所在地的梅小路公園的七条入口廣場舉行。約300家種類琳瑯滿目的店舖在櫸樹行道樹與花壇間鱗次櫛比。

☎075-771-1631(手作市集事務局) MAP 附錄P5B1 ☗京都市下京区観喜寺町56-3 ‼JR、近鐵、地下鐵京都站步行15分 ¥免費入場 🕒1、5月以外的每月第1週六的9:00～16:00(風雨無阻) P無

融合了傳統與新潮 琳瑯滿目的KYOTO紡織品

運用傳統的日式花紋及布料，非常有品味的商品，全都是想送給朋友或用來犒賞自己的東西。也可以買來做為旅行的紀念。

COMMENTED BY 白木麻紀子 EDITOR

1 層合書衣各1512日圓 2 層合蛙嘴化妝包（中）各2808日圓 3 層合面紙盒各2052日圓起 4 以白色為基調的店內

四条、河原町周邊

せいすけえいていえいと きょうとさんじょうほんてん

seisuke88 京都三条本店

沉睡在西陣的倉庫裡，將大約130年前的京都腰帶圖案以摩登的手法重新演繹。手提包及化妝包、蛙嘴錢包、鏡子等商品一應俱全。層合加工的系列也具有高度的功能性。

☎075-211-7388 MAP 附錄P13B2 ☗京都市中京区三条通河原町東入ル中島町83 ‼京阪三条站步行3分 ◷11:00～20:00 休 週一（逢假日則營業）P無

1 使用了伊勢木棉的小巾折各1728日圓，小小的，可以折起來帶著走 2 名片夾各1026日圓，使用了分趾襪的金屬掛勾是其魅力所在 3 店內讓人感覺到木頭的溫度

四条、河原町周邊

そう·そう ほてい

SOU·SOU 布袋

陳列著使用了三重的傳統布料—伊勢木棉及備前織的星櫻書齋製成原創花紋的袋子。五顏六色又新潮的手提包及名片夾、大方巾等等，全都是饒富個性的商品。

☎075-212-9595 MAP 附錄P13B3 ☗京都市中京区新京極通四条上ル中之町569-10 ‼阪急河原町站即到 ◷11:00～20:00 休 無休 P無

二条城周邊

らーく ほんてん
RAAK本店

1615（元和元）年創業的老字號棉布商「永樂屋」推出的手帕專賣店。從古典的花紋到摩登的花紋琳瑯滿目的手帕及大方巾、配件應有盡有。紗布手帕可以當成領巾來用，也很受歡迎。

☎075-222-8870 MAP附錄P11A1 京都市中京区室町通姉小路下ル役行者町358 地下鐵烏丸御池站下車即至 11:00～19:00 休無休 P無

1 由町家改建而成的店面 2 花紋很新潮的櫻桃手帕1728日圓 3 紗布束口袋各1944日圓起。上頭描繪著現代化的芭蕾舞孃 4 紗布手帕圍巾各3456日圓起。柔和的風味很吸引人

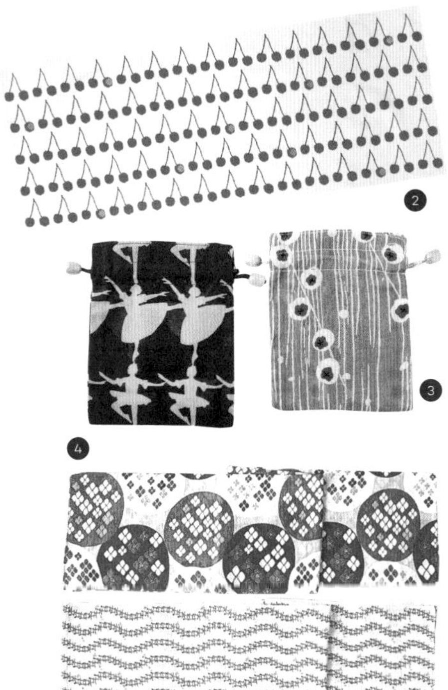

1 好朋友杯墊1組（3張）2592日圓 2 以生活中的雨為描繪主題的青時雨文庫本書衣2160日圓 3 八坂塔系列只有本店才有。八坂塔迷你蛙嘴錢包1404日圓 4 設計風格以和風為主

清水寺周邊

きょうとうと ほんてん
京東都 本店

京都的刺繡工作室將日本的「傳統＝京都」與「現在＝東京」共冶一爐所推出的設計師品牌。以傳統的民間傳說及故事、屏風圖、繪卷等圖案為主題的布類雜貨很豐富。

☎075-531-3155 MAP附錄P15C3 京都市東山区星野町93-28 市巴士站清水道即到 11:00～18:00 休不定休 P無

融入細緻的日常生活中 尋找精緻的日式器皿

不只是京都，凡是歷史悠久的城市，都充滿了古老又美好的東西。
色彩鮮艷的碗和造型可愛的小碟子，正因為是只有一件的古董，才更令人愛不釋手。

COMMENTED BY 山下崇德 EDITOR

1 色彩鮮艷的古伊萬里很搶手 2 全都是只有一件的商品 3·4 印花的小碟子各300日圓起和描繪著精彩仙人圖的彩色茶碗600日圓是明治後期的東西 5 江戶中期的古伊萬里盤子14000日圓。蝴蝶飛舞在櫻花之間，串成唸珠的模樣 6 店鋪是屋齡超過100多年的京町家

京都御所周邊

きょう·まちや こっとうぎゃらりー ばさら

京·町屋 こっとうギャラリー 婆佐羅

為平凡的日常生活增添色彩

主要製作於江戶時代至明治時代末期的陶器及漆器密密麻麻地陳列在狹長的店內。基於希望大家都能從日常生活中自然而然地親近古董的心情，也有很多價格經濟實惠的東西。

☎090-9986-9281 MAP 附錄P7B1
京都市上京区中立売通松屋町東入ル新元町227-1 JR京都站搭市巴士9、50系統23分，堀川中立売下車，步行3分 12:00～18:00 休每月12日，偶有不定休 P無

四条、河原町周邊

ぷろ あんてぃーくす こむ
Pro Antiques "COM"

經營理念為「將日本的好東西留傳給後世」。包括古伊萬里在內的陶瓷器再加上玻璃、家具，商品的種類琳瑯滿目。在改建自老房子的店內尋找自己喜歡的商品。

☎075-254-7536 MAP 附錄P11B1 ☗京都市中京区高倉通三条上ル東片町616 ‼地下鐵烏丸御池站步行5分 ◷12:00～20:00 休週三不定休 P無

1 完全融入京都街道的外觀 2 店內似乎還瀰漫著令人懷念的氣氛 3 製作於明治到昭和時代之間的國產壓製玻璃 4 幕末時期的伊萬里燒。赤繪菊唐草紋小碟5076日圓 5 明治時代的宴席料理餐具2052日圓和小碟子432日圓等等，兩者皆有印花 6 沉金的湯碗1944日圓

祇園周邊

うつわ あかんどう
うつわ 阿閑堂

就連料亭的老闆也會去挖寶，品項十分齊全。從每一個容器裡都可以感受到以前的工匠細心製作的手工，其中也有知名作家的作品。不妨先靠直覺來選。

☎075-752-3538 MAP 附錄P12F1 ☗京都市東山区三条通白川橋西詰北入ル大井手町102-6 ‼地下鐵東山站即到 ◷11:00～18:00 休週一、五 P無

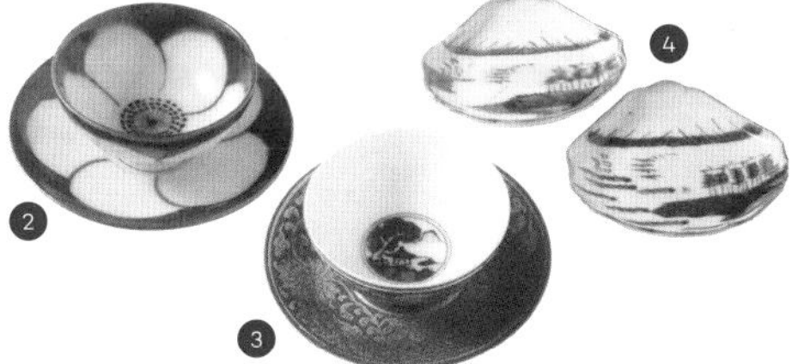

1 陳列著數量驚人的器皿 2 大膽地描繪著山茶花的伊萬里附底座酒杯3500日圓 3 金色酒杯、銀色底座上描繪著菊花。京都名匠一華中亭道八的作品1萬日圓 4 做成富士山形狀的印染小碟子各3500日圓 5 五顏六色的小碟子買來送人，對方也會很高興吧 6 座落在羊腸小徑上

最適合買來送給自己
日式摩登圖案的紙類精品

書衣及便條紙，書籤等等，會讓人想要用在日常生活中的商品一應俱全。
用起來彷彿會讓心情雀躍不已的配色及設計都讓人愛不釋手。

COMMENTED BY 藤本りお EDITOR

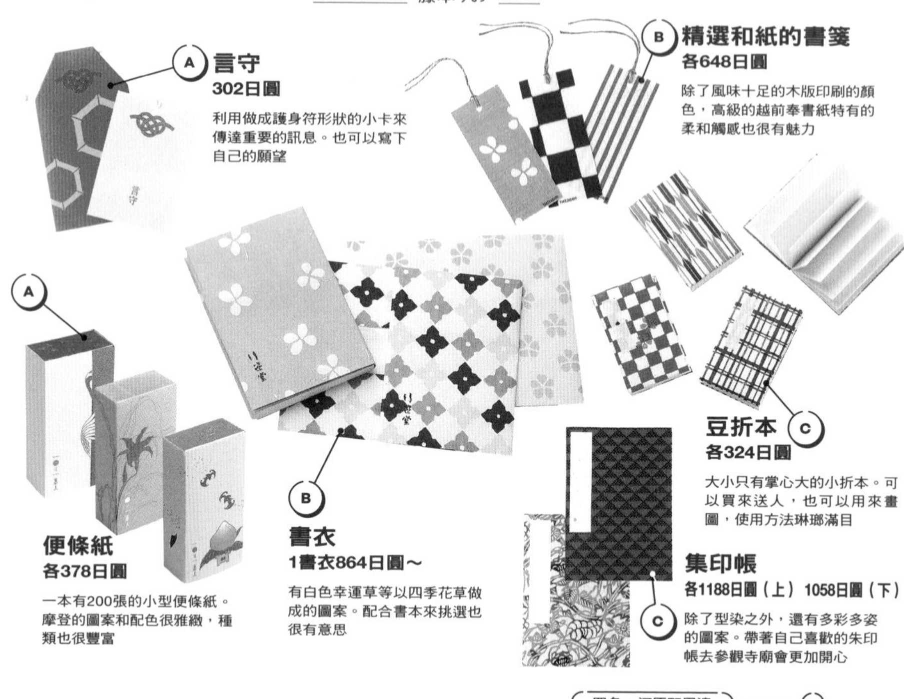

A 言守
302日圓
利用做成護身符形狀的小卡來傳達重要的訊息。也可以寫下自己的願望

B 精選和紙的書籤
各648日圓
除了風味十足的木版印刷的顏色，高級的越前奉書紙特有的柔和觸感也很有魅力

A 便條紙
各378日圓
一本有200張的小型便條紙。摩登的圖案和配色很雅緻，種類也很豐富

B 書衣
1書衣864日圓～
有白色幸運草等以四季花草做成的圖案。配合書本來挑選也很有意思

C 豆折本
各324日圓
大小只有掌心大的小折本。可以買來送人，也可以用來畫圖，使用方法琳瑯滿目

C 集印帳
各1188日圓（上）1058日圓（下）
除了型染之外，還有多彩多姿的圖案。帶著自己喜歡的朱印帳去參觀寺廟會更加開心

（清水寺周邊）—— A

うらぐはっち
裏具ハッチ

宮川町的紙文具店——裏具的姊妹店。包括明信片及便條紙等與寫信有關的產品，陶器及手帕等雜貨也很齊全。

☎075-525-5166 MAP 附錄P15C3
京都市東山区八坂通東大路東入ル上田町84-1 市巴士站清水道下車即至 11:00～17:00(有季節性變動) 休週四(逢假日則翌日休) P無

（四条、河原町周邊）—— B

たけざさどう
竹笹堂

1891（明治24）年創業的竹中木版開的木版雜貨店。書衣及紅包袋等繽紛多彩的產品，都是一張一張手工折的。

☎075-353-8585 MAP 附錄P7C4
京都市下京区綾小路通西洞院東入ル新釜座町737 地下鐵四条站步行8分 11:00～18:00(有季節性差異) 休週日、假日(偶有臨時營業) P無

（四条、河原町周邊）—— C

きゅうきょどう
鳩居堂

創業於1663（文寬3）年，販賣線香及書法用品、和紙產品的老字號。從卡片及便條紙到朱印帳等等，陳列著以和風為基調的紙類產品。

☎075-231-0510 MAP 附錄P13A1
京都市中京区寺町通姉小路上ル下本能寺前町520 地下鐵京都市役所前站步行5分 10:00～18:00 休週日(逢假日及包含週日的連續假期則營業) P無

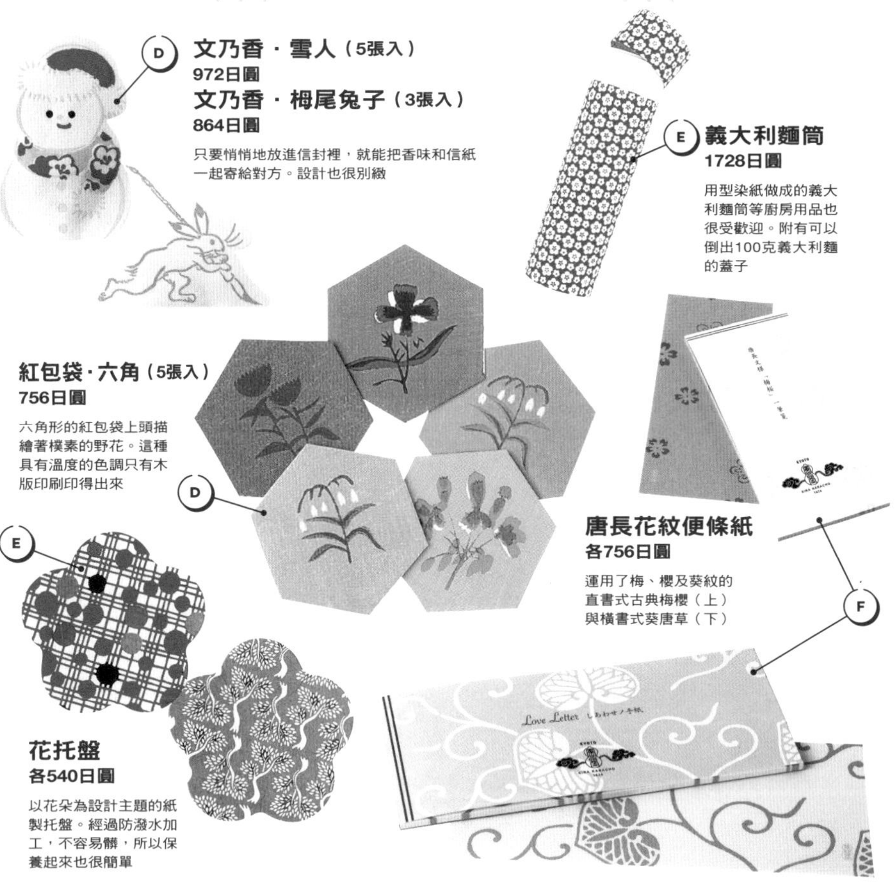

D **文乃香・雪人（5張入）**
972日圓
文乃香・梅尾兔子（3張入）
864日圓

只要悄悄地放進信封裡，就能把香味和信紙一起寄給對方。設計也很別緻

E **義大利麵筒**
1728日圓

用型染紙做成的義大利麵筒等廚房用品也很受歡迎。附有可以倒出100克義大利麵的蓋子

D **紅包袋・六角（5張入）**
756日圓

六角形的紅包袋上頭描繪著樸素的野花。這種具有溫度的色調只有木版印刷印得出來

F **唐長花紋便條紙**
各756日圓

運用了梅、櫻及葵紋的直書式古典梅櫻（上）與橫書式葵唐草（下）

E **花托盤**
各540日圓

以花朵為設計主題的紙製托盤。經過防潑水加工，不容易髒，所以保養起來也很簡單

（四条、河原町周邊）—— D

すうざんどうはしもと きょうとほんてん
嵩山堂はし本 京都本店

紅包袋及便條紙都使用了觸感柔和細緻的和紙。有很多以可愛的動物圖案及四季的花草為設計主題的商品。

☎075-223-0347 MAP 附錄P13A2
京都市中京区六角通麩屋町東入ル八百屋町110 地下鐵京都市役所前站步行10分 10:00～18:00 休無休 P無

（四条、河原町周邊）—— E

すずきしょうふうどう
鈴木松風堂

使用了友禪的型紙，是一家型染和紙雜貨店。可愛的義大利麵筒及置物籃等等，彷彿可以讓人變得更有女人味。

☎075-231-5003 MAP 附錄P11B2
京都市中京区柳馬場通六角下ル井筒屋町409 地下鐵四条站步行10 10:00～19:00 休不定休 P無

（四条、河原町周邊）—— F

きら からちょうしじょうてん
KIRA KARACHO四条店

1624（寬永元）年創業的唐紙屋—唐長的新品牌。其所呈現的日常用品皆於傳統的美麗花紋中再加入現代的藝術品味。

☎075-353-5885 MAP 附錄P11A3
京都市下京区烏丸通四条下ル水銀屋町620 COCON KARASUMA1F 地下鐵四条站即到 11:00～19:00 休週二 P無

想全部帶回家！誕生於京都的小點心

在擁有悠久歷史的京都裡，有很多誕生自傳統的技藝，討人喜歡的甜點。
不妨從令人眼花繚亂的日西甜點中，選購讓人愛不釋手、食指大動的產品。

COMMENTED BY 白木麻紀子 EDITOR

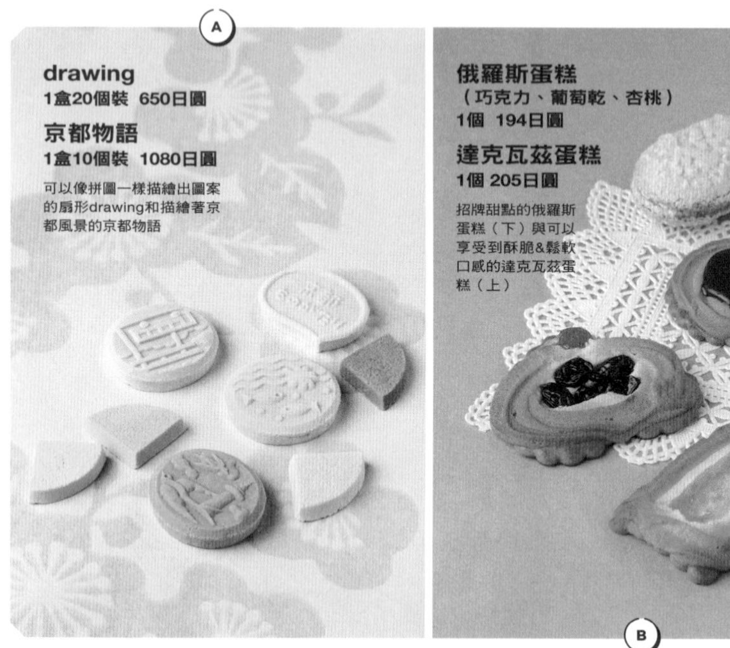

A

drawing
1盒20個裝 650日圓
京都物語
1盒10個裝 1080日圓

可以像拼圖一樣描繪出圖案的扇形drawing和描繪著京都風景的京都物語

B

俄羅斯蛋糕
（巧克力、葡萄乾、杏桃）
1個 194日圓
達克瓦茲蛋糕
1個 205日圓

招牌甜點的俄羅斯蛋糕（下）與可以享受到酥脆&鬆軟口感的達克瓦茲蛋糕（上）

（京都御所周邊） A

うちゅう わがし にしじんてん

UCHU wagashi 西陣店

將各式各樣的材料與設計做結合，做成兼具可愛與藝術性的形狀，以和三盆糖的落雁打開知名度的店。一放進嘴巴裡就會散開融化的輕柔口感及造形可愛的模樣令人心動。

☎075-201-4933 MAP 附錄P9B4
京都市上京区猪熊通上立売下ル藤木町786 市巴士站堀川今出川步行3分 10:00～18:00 休週一（逢假日則翌日休） P無

（京都御所周邊） B

むらかみかいしんどう

村上開新堂

將自明治時代創業以來的製法傳承到今天的西點店。每一片都是由甜點師傅仔細烘焙的俄羅斯蛋糕，淡淡的奶油香味是很令人懷念的味道。洋溢著復古風情的店內也很值得一看。

☎075-231-1058 MAP 附錄P6D2
京都市中京区寺町通二条上ル常磐木町62 地下鐵京都市役所前站步行4分 10:00～18:00 休週日、假日、第3週一 P無

C

京都舞妓邦邦糖

1盒15個裝 972日圓

和服及花的髮簪等等，仿造舞妓特有的飾品，是祇園店的限定商品

D

小可愛

1盒 1080日圓

取名自宮中女官常說的話「いとぼい（可愛）」的迷你和三盆

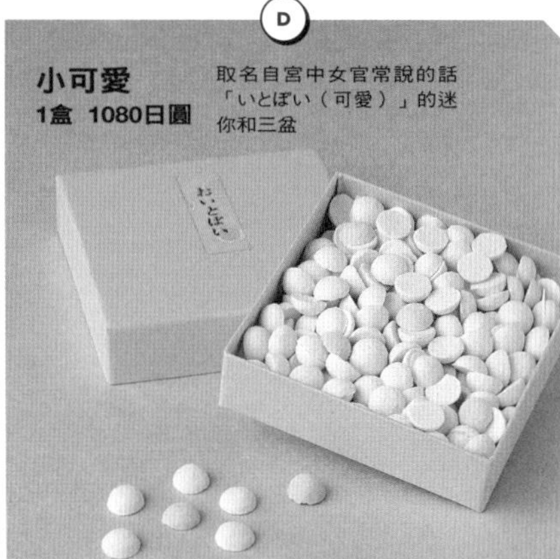

葛湯、紅豆湯

各 270日圓

溫和的甜味在口中散開的葛湯（左）及紅豆湯（右）。把和紙包裝中的粉用熱水泡開

D

利口酒邦邦糖 京都蔬菜

1盒15個裝 972日圓

設計成賀茂茄子等京都蔬菜的邦邦糖，裡頭包著風味各異的利口酒

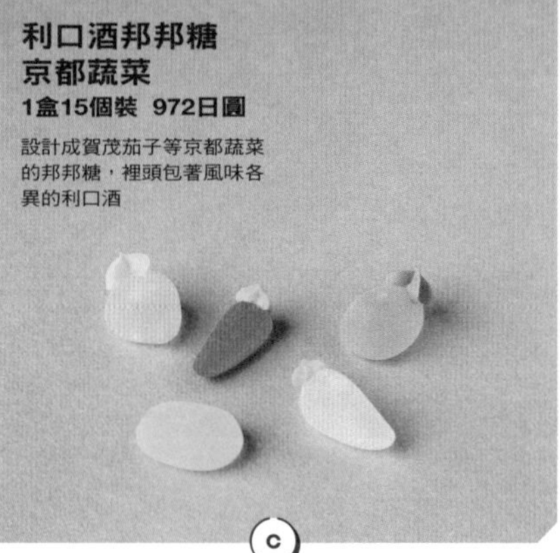

C

（祇園周邊） C

きょうがしつかさ たわらやよしとみ ぎおんてん

京菓子司 俵屋吉富 祇園店

第七代老闆研發出來的長條菓子——雲龍是足以代表京都的糕點之一。生菓子不用說，從乾菓子、羊羹、煎餅到邦邦糖，陳列著洋溢著季節感的點心。也有很多期間限定的商品。

☎075-541-2543 MAP 附錄P13C4
京都市東山区四条通大和大路西入ル中之町216 京阪祇園四条站即到 10:00～19:00 休不定休 P無

（北山） D

おんちまきし かわばたどうき

御粽司 川端道喜

其歷史可以回溯到室町時代，是京都數一數二的老字號日式甜點店。也曾經侍奉過皇宮大內，至今還保留著歷代老闆進御所送貨的側門——道喜門。是非常有名的粽子（需預約）名店。

☎075-781-8117 MAP 附錄P8D2
京都市下鴨南野々神町2-12 地下鐵北山站步行5分 9:30～17:30 休三、1.8月 P無

當季的生菓子
1盒2個裝
594日圓

用生八橋製成，會隨季節變化的設計主題，可愛到讓人捨不得一口吃下。

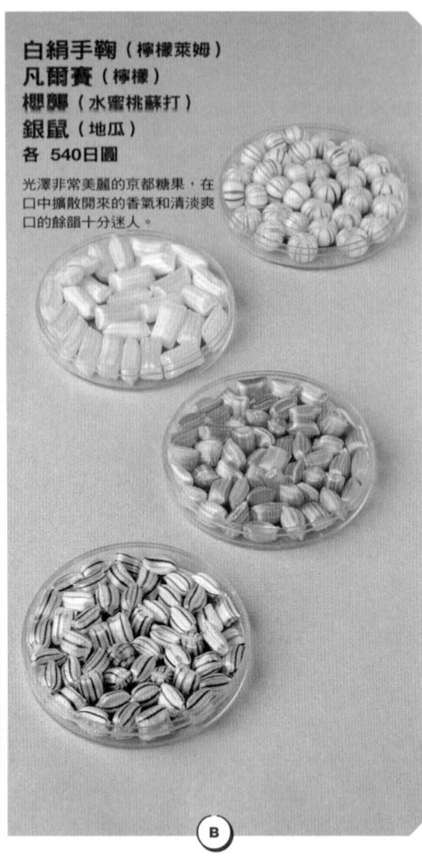

白絹手鞠（檸檬萊姆）
凡爾賽（檸檬）
櫻韉（水蜜桃蘇打）
銀鼠（地瓜）
各 540日圓

光澤非常美麗的京都糖果，在口中擴散開來的香氣和清淡爽口的餘韻十分迷人。

（四条、河原町周邊） A

にきにき

nikiniki

由以京都伴手禮的代名詞——生八橋廣為人知的聖護院八ッ橋總本店所規畫的店。主力商品為用五顏六色的生八橋製成的當季生菓子，使用了肉桂的甜點也很充實的小店。

☎075-254-8284 MAP 附錄P13B4
京都市下京区四条西木屋町北西角真町91 阪急河原町站即到 10:30～19:00 休不定休 P無

（四条、河原町周邊） B

くろっしぇ きょうとほんてん

Crochet 京都本店

結合了將京都糖果的細緻風味發揮到淋漓盡致的技術與歐洲的美感。像是平安朝的十二單、裝飾藝術的禮服等等，孕育出歷史色彩的搭配設計令人愛不釋手。

☎075-744-0840 MAP 附錄P13A4
京都市下京区綾小路通富小路東入ル塩屋町69 阪急河原町站步行7分 10:30～19:00 休不定休 P無

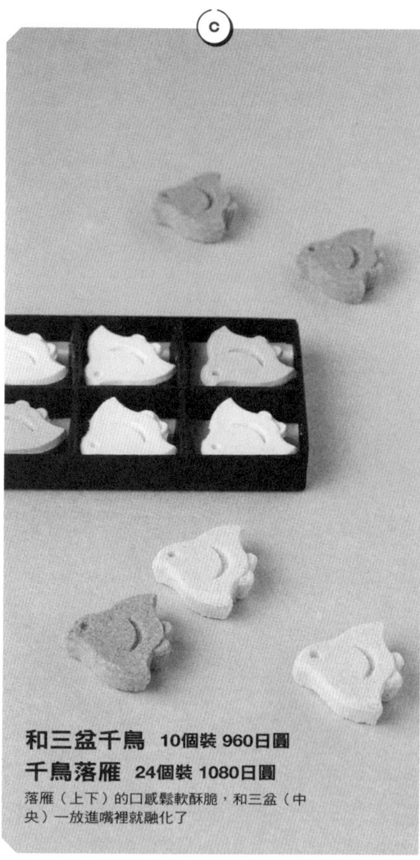

和三盆千鳥 10個裝 960日圓
千鳥落雁 24個裝 1080日圓
落雁（上下）的口感鬆軟酥脆，和三盆（中央）一放進嘴裡就融化了

圓緣
1個 1944日圓
洒口
4個裝
苦甜 1944日圓
溫和、原味 各1512日圓
年輪蛋糕豪氣地使用了大量精挑細選的抹茶，以及夾著甘納許的巧克力酥餅

四条、河原町周邊 C

ぽんとちょうするがや
先斗町駿河屋

在先斗町創業至今約110年的和菓子店。以本蕨粉揉成一口大小的蕨餅（6個裝1456日圓）是招牌商品。所有的甜點都小小的，設計得很有品味，非常符合花街的風情。

☎075-221-5210 MAP 附錄P13C2
京都市中京区先斗町通三条下ル材木町187 京阪三条站步行4分 10:00～18:00 休週二 P無

祇園周邊 D

ようがしぎをんさかい
洋菓子ぎをんさかい

店內販賣著許多「送禮自用兩相宜的西點」的法式甜點專賣店，精緻的包裝也有一定的評價。千萬別錯過只有店頭才買得到，人稱白金系列的4種甜點。

☎075-531-8878 MAP 附錄P12D4
京都市東山区祇園町南側570-122 京阪祇園四条站步行5分 11:00～19:00(咖啡廳為～17:00) 休無休
席14 P無

與京都的四季相輝映 和菓子名店的上生菓子

各種和菓子都讓人感受到代代相傳的傳統技術、由此粹煉出來的美學意識。
四季不同的上生菓子台細緻地表現出京都的四季推移，讓眼睛與舌頭都大飽口福。

COMMENTED BY 新家康規 EDITOR

各432日圓 1 里櫻（左）裡加入了春光爛漫的白餡與簡單地表現出菊花的光琳菊（右） 2 春水表現出花瓣漂浮在水面上的情景 3 用葛粉把紅餡包起來的水牡丹 4 與詩人向井去來的別墅頗有淵源的落柿舍 5 用紅色的山茶花祝賀新春的吉祥椿 6 店面開在今出川通上

京都御所周邊

つるやよしのぶ

鶴屋吉信

誕生自優質材料的優美生菓子

歷史長達200年以上的老字號，以第三代研發的招牌商品──柚餅為代表，將食材的原味發揮到淋漓盡致的和菓子一應俱全。融入數寄屋建築的本店還附設有茶寮。可以細細地品味由熟練的師傅當場製作的生菓子。

☎075-441-0105 MAP 附錄P9B4
京都市上京区今出川通堀川西入ル西船橋町340-1 市巴士站堀川今出川即到 9:00～18:00(茶寮為9:30～) 休無休(茶寮為週三) 席40 P15輛

※表列商品皆為當季限定的菓子

金閣寺周邊

おいまつ きたのてん
老松 北野店

創業於明治時代，座落在北野天滿宮門前的和菓子店。店內從茶席菓子到用日本自古以來的材料夏季蜜柑製成的夏柑糖（每年春～夏季），陳列著可以感受到菓子歷史的產品。

☎075-463-3050 MAP 附錄P9A4
京都市上京区今出川通御前通東入ル社家長屋町675-2
京都站搭市巴士50、101系統40分，在北野天滿宮前下車，步行5分 8:30～18:00 休不定休 P無

1 以北野天滿宮所祭祀的菅原道真愛吃的梅子為設計主題的北野梅388日圓 2 用薯蕷的金團做成用來代表春天的菜種金團438日圓 3 用金箔描繪銀河的星逢388日圓 4 讓人聯想到賞楓名勝的高尾388日圓 5 座落在五花街之一的上七軒

各378日圓 1 以翩翩飛舞的蝴蝶呈現出春天原野的胡蝶 2 用寒天來表示流經岩石間的清水，用紅豆來表示小石頭的岩清水 3 用古都的傳統蔬菜做成的京都大頭菜也是節慶的商品 4 白梅的感覺既清純又喜慶 5 創業超過150年的老店

京都站周邊

かんしゅんどうほんてん
甘春堂本店

1865（慶應元）年創業。據說不傳給外人，仿造抹茶碗的進貢甜點──茶壽器也很有名。除了提供給社寺的傳統甜點以外，創作和菓子也很豐富。在附近的東店開設的和菓子教室也很受歡迎。

☎075-561-4019 MAP 附錄P4D1
京都市東山区川端正面大橋角上堀詰町292-2 京阪七条站即到 9:00～18:00 休無休 P5輛

再加一道京都的餐桌風味
讓家裡的餐點更加美味♪

醬菜、山椒小魚等等，一直以來在京都的餐桌上深受喜愛的味道其實都非常考究。
從老字號的名品到新風潮等等，讓京都風味妝點日常的餐桌。

COMMENTED BY 藤本りお EDITOR

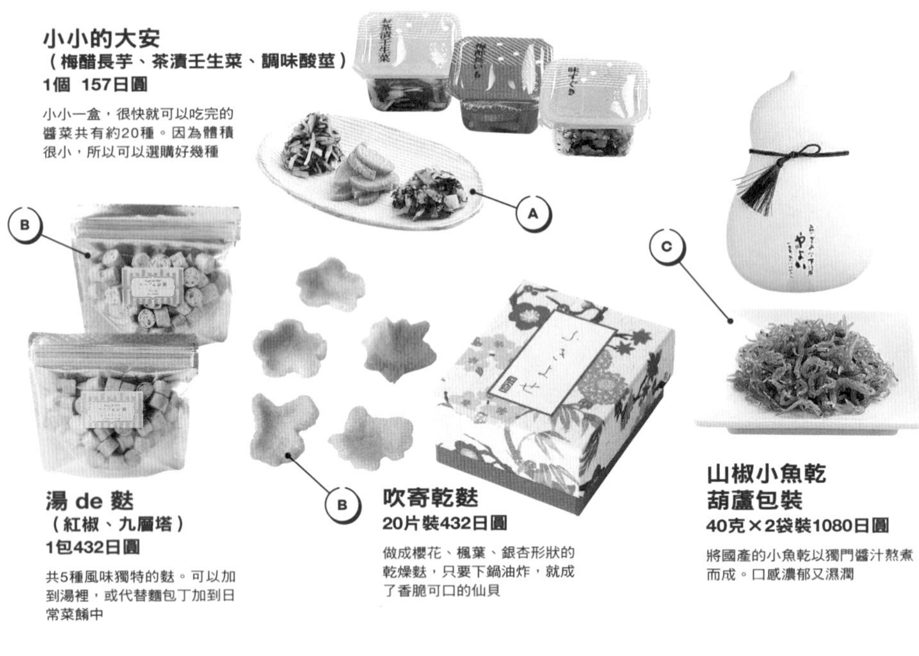

小小的大安
（梅醋長芋、茶漬壬生菜、調味酸莖）
1個 157日圓

小小一盒，很快就可以吃完的醬菜共有約20種。因為體積很小，所以可以選購好幾種

湯 de 麩
（紅椒、九層塔）
1包432日圓

共5種風味獨特的麩。可以加到湯裡，或代替麵包丁加到日常菜餚中

吹寄乾麩
20片裝432日圓

做成櫻花、楓葉、銀杏形狀的乾燥麩，只要下鍋油炸，就成了香脆可口的仙貝

山椒小魚乾
葫蘆包裝
40克×2袋裝1080日圓

將國產的小魚乾以獨門醬汁熬煮而成。口感濃郁又濕潤

（銀閣寺、哲學之道周邊）— A

だいやす ほんてん
大安 本店

身為京都的醬菜專賣店，創業於1902（明治35）年。利用向簽約農家或市場採購的國產蔬菜製成的醬菜，是最常見的京都伴手禮。

☎075-761-0281 MAP 附錄P17A3
京都市左京區岡崎南御所町45 京都站搭市巴士5、100系統27～34分，岡崎公園動物園前下車即到 9:00～18:00 休無休 P10輛

（清水寺周邊）— B

ふふふあん ほんてん
ふふふあん 本店

創業325年的麩專賣店——半兵衛麩提出麩的新吃法。例如西洋風味的麩或麩甜點等等，可以買到店家自行開發的商品。

☎075-561-0371 MAP 附錄P11C4
京都市東山區問屋町通五条下ル上人町433 京阪清水五条站即到 10:00～17:00 休不定休 席12 P無

（祇園周邊）— C

やよいほんてん
やよい本店

小魚乾是由精挑細選的食材仔細熬煮而成的招牌商品，具有香味濃郁且優雅的口感。也受到祇園的茶屋大力支持。

☎075-561-8413 MAP 附錄P12E4
京都市東山區祇園下河原清井町481 市巴士站祇園步行5分 10:00～18:00（咖啡廳為～17:00LO） 休不定休 席16 P有簽約停車場

黒七味 筒
1080日圓

由白芝麻、辣椒、山椒等7種素材創造出濃郁的香氣與風味，會讓人一吃上癮

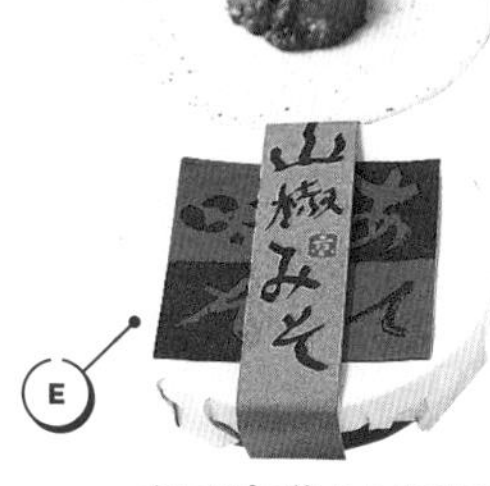

あて味噌（山椒味噌）
110克 540日圓

由西京味噌與紅味噌調合而成，再加入山椒，炊煮成風味爽口的一道小菜，可以直接放在白飯上吃

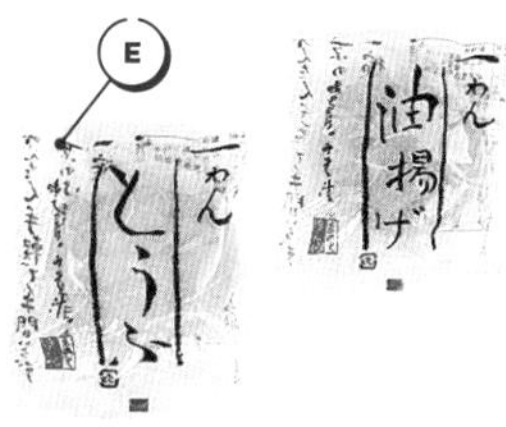

醬汁店的雞蛋拌飯醬
540日圓

將柴魚&昆布高湯絕妙地調合而成，據說還能突顯出雞蛋的風味。也可以用來拌燙青菜或納豆

高湯粉 鮪魚 1瓶 648日圓 昆布 1瓶 908日圓

放血放得很乾淨的鮪魚、利尻島的昆布等，將非常講究的天然食材磨成粉末

一碗味噌湯（豆腐、油豆腐）
1包 195日圓

做成紅味噌口味的是豆腐，做成綜合味噌口味的是油豆腐，配合味噌選擇食材

祇園周邊 — D

はらりょうかく
原了郭

1703（元祿10）年開業至今，香煎大麥粉、佐料的專賣店。只有老闆才能繼承的祖傳作法製成的黑七味，和味噌湯十分對味。

☎075-561-2732 MAP 附錄P12D4
京都市東山区祇園町北側267 京阪祇園四条站步行4分 10:00～18:00 休無休 P無

京都御所周邊 — E

ほんだみそほんてん
本田味噌本店

為專門提供給皇宮大內的味噌專賣店，創業於大約200年前。販賣著各式各樣的味噌，包括懷石料理或京都雜煮裡不可或缺的西京白味噌等等。

☎075-441-1131 MAP 附錄P7C1
京都市上京区室町通一条上ル小島町558 地下鐵今出川站步行5分 10:00～18:00 休週日 P3輛

京都站周邊 — F

うねの
うね乃

販賣柴魚、昆布等高級天然食材的高湯專賣店。袋裝的高湯及沾麵醬也一應俱全，所以在家裡也可以重現京都的高湯風味。

☎075-671-2121 MAP 附錄P5A2
京都市南区唐橋門脇町4 JR西大路站步行5分 9:00～18:00（週六為～16:00） 休第2週六、週日、假日 P2輛

讓日常生活更有質感♪ 誕生於京都的日常用品們

在京都，充滿了傳統傳承與技術打造出來的商品。
只要融入日常生活中，應該就能享受比過去更有質感的生活。

COMMENTED BY 山下崇徳 EDITOR

1 咖啡粉罐 銅200克17280日圓。附贈可以收進內蓋裡的湯匙 2 銅、馬蹄鐵、黃銅製的幸運草花紋茶葉罐120克各12960日圓 3 店內充滿了流行感

京都站周邊

かいかどう
開化堂

1875（明治8）年創業的茶葉罐專賣店。材質有銅、馬蹄鐵、黃銅等3種，多達130多道的工法全都以手工作業進行。氣密性非常好，除了茶葉以外，做為咖啡的保存容器也很受歡迎。

☎075-351-5788 MAP 附錄P11B4 ☗京都市下京区河原町六条東入ル梅湊町84-1 京阪清水五条站步行5分 ◷9:00～18:00 休週日、假日 P1輛

1 模型各1080日圓起。種類及尺寸皆琳瑯滿目。堅固又不容易生鏽 2 迷你擦菜板2160日圓。不會破壞食材的纖維，可以保留輕盈順口的口感 3 店面座落在錦市場內

四条、河原町周邊

ありつぐ
有次

以專門為京都御所鍛造發跡，創業約450年的菜刀店。除了有大約50種菜刀，模型及擦菜板等琳瑯滿目的烹飪道具一應俱全，專業的廚師裡也有很多人是這家店的愛用者。也提供在菜刀上刻名字的服務。

☎075-221-1091 MAP 附錄P13A3 ☗京都市中京区錦小路通御幸町西入ル鍛冶屋町219 阪急河原町站步行5分 ◷9:00～17:30 休無休 P無

1 銅製菓子刀 各6480日圓。雕刻在上頭的花朵圖案配合季節一共有12種 2 錫石紋單口酒器17280日圓 3 錫彌生酒杯10800日圓 4 也販賣香爐及擺設

京都御所周邊

せいかどう
清課堂

1838（天保9）年創業。販賣著使用了錫或銅等材質製成的金屬工藝品的老字號。全都是既實用且讓人百看不厭的設計，使用得愈久愈有味道。因為美觀，品質又很好，也吸引了來自海外的矚目。

☎075-231-3661 MAP 附錄P6D2
京都市中京区寺町通二条下ル妙満寺前町462 地下鐵京都市役所前站步行3分
10:00～18:00 休無休 P無

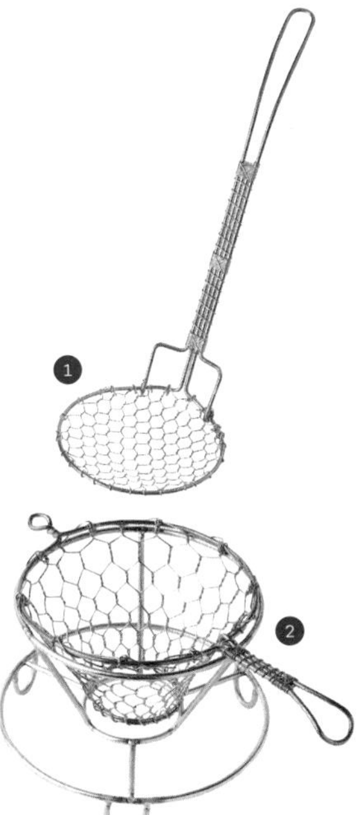

1 銅製湯豆腐杓子圓形特大2484日圓。網目很細緻，豆腐也不會破掉 2 銅製的手編咖啡漏斗（小）5400日圓 3 整片玻璃窗的店內十分明亮

京都御所周邊

つじわかなあみ
辻和金網

店面位在堺町通，從家庭用到營業用的金屬加工品應有盡有。還有手編咖啡漏斗等因應顧客的要求而誕生的商品。由於店面也身兼工作室，可以向工匠請教用法之後再進行選擇。

☎075-231-7368 MAP 附錄P6D2
京都市中京区堺町通夷川下ル亀屋町175 地下鐵烏丸御池站步行8分 9:00～18:00 休週日、假日 P無

1 觸感很好的甜點湯匙（大）各864日圓 2 外形簡單大方的單層便當盒（小）各5940日圓 3 店內的氣氛很新潮

四条、河原町周邊

こうちょうさいこすが きょうとほんてん
公長齋小菅 京都本店

自1898（明治31）年創業以來，專門製作、販賣竹製品。從傳統的籃子及茶道用具等等，到符合現代人生活的桌子、廚房用品、手提包等服飾配件、室內用品擺設，琳瑯滿目，應有盡有。

☎075-221-8687 MAP 附錄P13B2
京都市中京区三条通河原町東入ル中島町74 ロイヤルパークホテルザ京都1F 京阪三条站步行3分
10:00～20:00 休無休 P無

可以聽見『好可愛噢！』的伴手禮，誕生於京都的雜貨&化妝品

舞妓及千鳥這些充滿京都風格的設計主題、圓點圖案等設計得很可愛的商品，很適合買來送人，會讓人覺得你很有品味。收到的人肯定會驚呼「好可愛啊！」

COMMENTED BY 藤本りお EDITOR

A

舞妓托特包
M 4104日圓

舞妓吊飾
1944日圓

由帆布工匠手工製作的原創托特包上，掛著上頭有成對圖案的吊飾

圓點提花織機2.5扁平圓形蛙嘴錢包
各 1080日圓

充滿少女心的圓點蛙嘴錢包，是用店家自創的提花織機布料製作的招牌商品

B

(清水寺周邊) —— A

こはく かいらし
COHAKU KAIRASHI

「KAIRASHI」在京都話裡是可愛的意思。手提包及吊飾等上印有眨眼睛的舞妓商標的商品很搶手。

☎075-541-5405 MAP 附錄P15C2
京都市東山区東大路高台寺南門通東入ル下弁天町58-3
京都站搭市巴士206系統19分，東山安井下車即到 11:30～19:00(週六、日、假日為11:00～，依季節而異) 休不定休 P無

(清水寺周邊) —— B

どっと・どっと・きょうと
dot·dot kyoto

關鍵的設計概念為圓點圖案。蛙嘴錢包等布製品自不待言，充滿了餐具及文具等種類琳瑯滿目的圓點圖案雜貨。

☎075-551-2816 MAP 附錄P14D2
京都市東山区桝屋町362-6 市巴士站東山安井步行5分 10:00～18:00 休不定休 P無

(四条、河原町周邊) —— C

こうさいどう
香彩堂

承襲了古都芬芳文化的香水專賣店。除招牌的線香及京線香之外，室內芳香劑等西式的商品也很豐富。

☎0120-001-801 MAP 附錄P11A3
京都市下京区烏丸通仏光寺東入ル上柳町335 地下鐵四条站即到
9:30～18:30 休不定休 P無

C

精製香水（羽衣、水琴、禪）
各 1080日圓

為加入了山茶花油、荷荷芭油等等的膏狀香水，散發出淡淡的日式清香

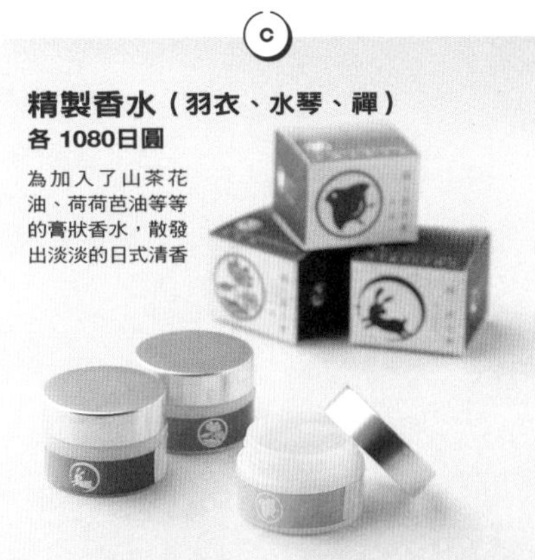

D

胡粉指甲油
各1300日圓～

利用指甲油重現日本的傳統顏色。珊瑚、雲母桃等命名也很有深度

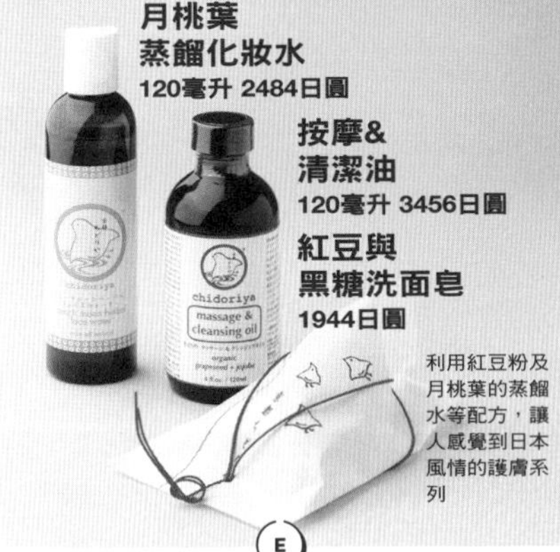

月桃葉
蒸餾化妝水
120毫升 2484日圓

按摩&
清潔油
120毫升 3456日圓

紅豆與
黑糖洗面皂
1944日圓

利用紅豆粉及月桃葉的蒸餾水等配方，讓人感覺到日本風情的護膚系列

E

花髮夾 梅、菊
各600日圓

利用妝點著舞妓頭髮的花髮簪技術製成的髮夾。基座有直髮夾及U形夾等兩種

F

(四条、河原町周邊) — D

うえばえそう
上羽絵惣

1751（寶曆元）年創業的日本繪畫用具專賣店。以使用在日本畫及京都人偶上的顏料——胡粉為素材的指甲油系列大受好評。

☎075-351-0693 MAP 附錄P11B3
京都市下京区東洞院通高辻下ル燈籠町579 地下鐵四条站步行5分 9:00～17:00 休週六、日、假日 P無

(銀閣寺、哲學之道周邊) — E

きょうとちどりや
京都ちどりや

販賣著以葛粉及山茶花油等日本自古以來的素材為基底製成的化妝品。也有香皂及化妝水、洗髮精、爽身粉，全身上下都可以使用。

☎075-751-6650 MAP 附錄P17C1
京都市左京区浄土寺上南田町65-1
市巴士站銀閣寺前步行5分
9:00～18:00 休週四 P無

(祇園周邊) — F

きんたけどう
金竹堂

江戶末期創業，祇園的藝舞妓也會去的花簪、髮飾專賣店。切勿錯過以傳統技法製作的美麗髮簪。

☎075-561-7868 MAP 附錄P12D4
京都市東山区祇園町北側263 京阪祇園四条站步行4分 10:00～20:00 休週四(逢假日則營業) P無

令人陶醉的大自然之美♪
風光明媚的嵐山、天龍寺散步

雄偉的風景讓心情煥然一新！想實現這個願望就前往嵐山。
涼爽的微風吹過竹林小徑及橫跨著渡月橋的大堰川等地，全都是讓人身心重獲能量的景點。

COMMENTED BY 岩朝奈奈惠 EDITOR

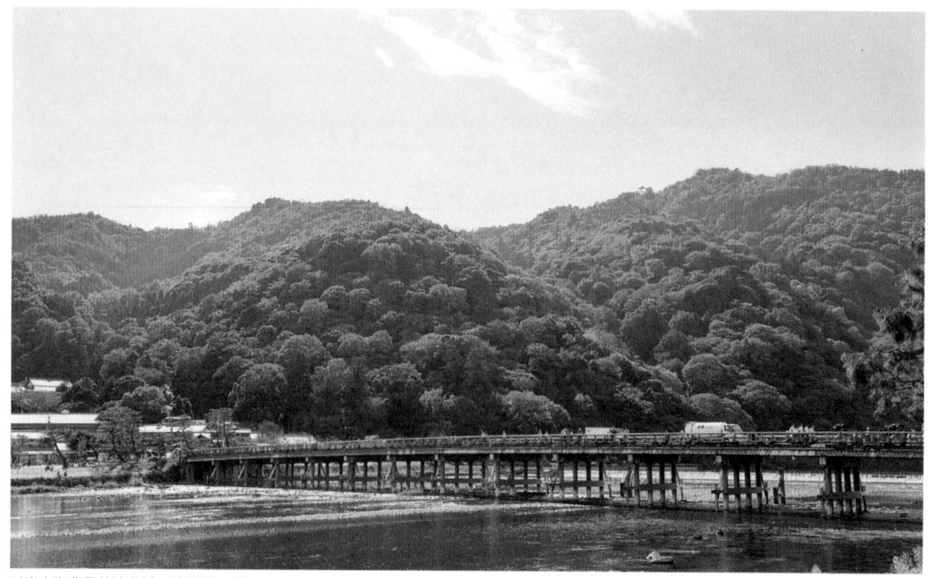

以嵐山為背景的渡月橋，遠景不用說，
從橋上看出去的景色也很迷人

Start → 嵐電嵐山站

是這樣的地方

あらしやま
嵐山

京都首屈一指的知名地區，
是平安貴族也喜愛的風景名勝

彷彿會讓人忍不住想深呼吸，嵐山坐擁著豐沛的大自然。是與平安文學有關的名景點，當時風光明媚的風景一直流傳到今天。分布著電影、連續劇的外景地，切勿錯過。風景名勝及佛寺當然不用說，販賣著日式風味的雜貨及甜點的商店也琳瑯滿目，所以不妨在散步途中過去走走。

☎075-861-0012（嵐山保勝會※只開週一、三、五）
MAP 附錄P18 ‼JR嵯峨嵐山站、阪急嵐山站、嵐電嵐山站下車

1 租借和服的方案有3780日圓、5940日圓可以選擇 2 配件可以從豐富的花色中任選

1

すたじおこころ
STUDIO心

穿上漂亮的和服，配合嵐山的風情散步。輕鬆的租借方案再加1620日圓就可以追加髮妝，加100日圓也可以追加花飾等等，所以不妨向店家諮詢想要的款式。

☎075-882-0508 MAP 附錄P18B3
🏠京都市右京区嵯峨天龍寺芒ノ馬場町3-18 地下1F ‼嵐電嵐山站即到
🕒9:00～17:00左右（需預約） 休無休 P無

天龍寺

てんりゅうじ

足利尊氏在1339（曆慶2）年創建的佛寺，為世界遺產。曹源池庭園依稀可見約700年前的風貌，向嵐山借景的景色震撼力十足，令人驚嘆。

1 由高僧夢窗疏石造園的雄偉曹源池庭園 2 描繪在法堂裡的天花板上的雲龍圖，具有睥睨八方的龍之美名

☎075-881-1235 MAP附錄P18B3
京都市右京区嵯峨天龍寺芒ノ馬場町68
嵐電嵐山站即到 ¥庭園參拜500日圓（諸堂參拜要追加100日圓，法堂特別參拜要另收500日圓） 8:30～17:30 休無休 P120輛（1天1000日圓）

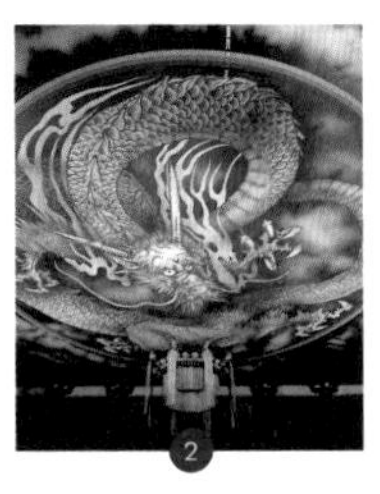

竹林小徑

ちくりんのみち

兩側各是一大片竹林，位於天龍寺北側的閑靜散步步道。從野宮神社延伸到大河內山莊一帶，將近400公尺左右。青竹冷冽的姿態十分美麗，5～6月前後的顏色特別鮮艷。

1 竹林一帶被指定為京都市的歷史性風土特別地區，是大家都很熟悉的連續劇或廣告的舞台

MAP附錄P18B3
嵐電嵐山站步行6分 ¥休自由散步 P無

MOMI CAFÉ

もみ かふぇ

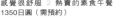

散步後想繞過去小憩片刻，木頭的溫度令人心曠神怡的咖啡廳。把10種菜放在一個大盤子上的素食午餐等等，請享用健康的自製菜色喘口氣。

1 從偌大的窗戶照射進來的陽光，感覺很舒服 2 熱賣的素食午餐1350日圓（需預約）

☎075-882-6982 MAP附錄P18A2
京都市右京区嵯峨二尊院前北中院前町15 嵐電嵐山站步行14分 11:00～17:00（午餐為11:30～ ※需預約） 休週一、三、五（偶有臨時休息） 席17 P3輛

Platz

ぷらっつ

分成午睡用、辦公室用等等，手工製作的座墊及抱枕一應俱全的日式雜貨店。也可以選擇自己喜歡的布料及花色，量身訂製。

1 骰子枕頭3024日圓 2 色彩繽紛的商品陣容令人心情愉悅

☎075-861-1721 MAP附錄P18C3
京都市右京区嵯峨天龍寺造路町5 嵐電嵐山站步行3分 10:00～19:00 休週四不定休 P1輛

Goal

嵐電嵐山站

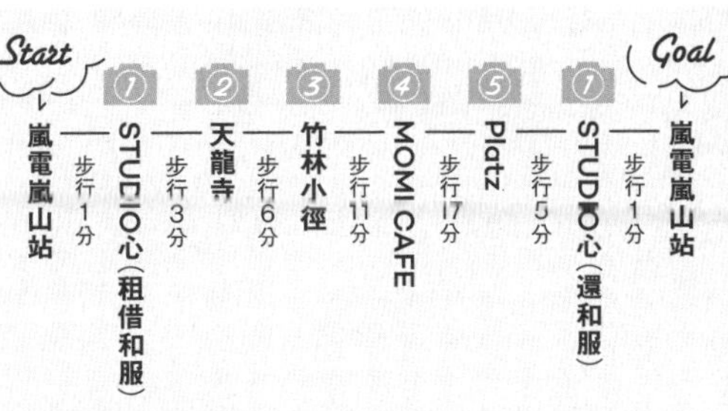

倘若很堅持「京都風味」，請漫步於清水寺～高台寺

林立著清水寺及高台寺等歷史悠久的佛寺，到處都是洋溢著京都風情的石階和石板路的坡道。伴手禮店鱗次櫛比，可以享受到充滿了觀光景點的熱鬧，也是推薦這裡的原因之一。

COMMENTED BY 新家康規 EDITOR

順著產寧坂（三年坂）的石階拾級而下，即可從清水寺到高台寺，如果想要安靜地散步，建議清晨前往

きよみずでら・こうだいじかいわい

清水寺、高台寺一帶

是這樣的地方

聚集著讓人感受歷史的名勝 觀光及用餐都讓人眼花繚亂

知名度在京都也算是首屈一指的清水寺周邊為繁華了1000年以上，歷史悠久的門前町。購買伴手禮及觀光當然不用說，也林立著會讓人想在散步途中過去坐坐的咖啡廳及甜點店等等。請務必順便去拜訪高台寺周邊，是壯觀的社寺及庭園的寶庫。由於是有很多坡道的地區，請換上好走的鞋子前往。

MAP 附錄P14-15
‼清水寺一帶／市巴士站五条坂、或者在清水道下車
高台寺一帶／市巴士站清水道，或是從京都站搭市巴士206系統19分，在東山安井下車

市巴士站五条坂

きよみず きょうあみ

清水 京あみ

八橋泡芙使用了香酥的泡芙皮，肉桂的香味十分迷人，是門前美食的必吃商品。因為是點餐以後才開始充填奶油，所以皮非常脆。除了招牌的抹茶及卡士達醬，也有當季的口味。

1 碩大尺寸令人眉開眼笑的八橋泡芙。奶油有濃郁的抹茶、卡士達醬各300日圓

☎075-531-6956
MAP 附錄P14E4
京都市東山区清水1-262-2
‼市巴士站五条坂步行8分
10:00～18:00(依季節而異)
休 不定休 席80 P 無

2 清水寺

きよみずでら

清水寺擁有1000年以上的歷史，也是世界遺產。寬敞的境內除了有知名的清水舞台這個國寶本堂以外，還分布著紅漆色彩斑斕的三重塔及音羽瀑布等觀光景點。櫻花及楓葉的季節會點燈，籠罩在神祕的氣氛下。

1 舞台為探出懸崖的建築工法 2 四季不同的美景令人陶醉不已

☎075-551-1234
MAP 附錄P14F4
京都市東山区清水1-294
市巴士站清水道步行10分
¥參拜400日圓 6:00～18:00（依季節而異） 休無休 P無 ※DATA詳情→P30

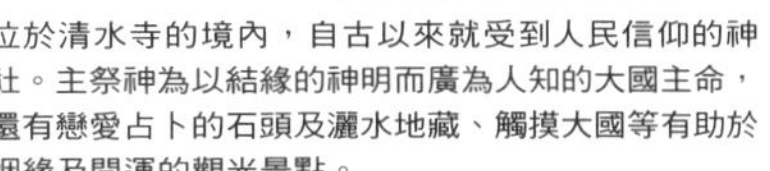

3 地主神社

じしゅじんじゃ

位於清水寺的境內，自古以來就受到人民信仰的神社。主祭神為以結緣的神明而廣為人知的大國主命，還有戀愛占卜的石頭及灑水地藏、觸摸大國等有助於姻緣及開運的觀光景點。

1 本殿為重要文化財 2 只要能閉著眼睛走到另一塊石頭，戀情就能開花結果 3 戀愛護身符よろこび500日圓

☎075-541-2097 MAP 附錄P14F4
京都市東山区清水1-317 市巴士站五条坂或者是清水道步行13分 ¥免費參拜（清水寺的參拜費要400日圓）
9:00～17:00 休無休 P無

4 產寧坂まるん

さんねんざかまるん

由京都扇子的老字號──舞扇堂監製的點心及雜貨店。陳列著糖果及金平糖等等，以及可愛瓶裝的零食及蔬菜果醬。離販賣精緻的半生菓子及地酒的二年坂まるん也很近。

1 圓形的瓶子也很可愛的「初錦」476日圓 2 京都蔬菜果醬－京都蕃茄、鹿谷南瓜各411日圓 3 ぴこまるん金平糖富士、櫻花各432日圓 4 座落在產寧坂的石階上

☎075-533-2005
MAP 附錄P14D3
京都市東山区清水3-317-1
市巴士站清水道步行6分
10:00～18:00（依季節會延長）
休不定休 P無

5 総本家ゆどうふ奥丹清水

そうほんけゆどうふ おくたんきよみず

江戶時代初期創業的老字號湯豆腐店。知名的「昔どうふ一通り」是把在腹地內的工房手工製作的豆腐做成熱呼呼的湯豆腐。可以享用到黃豆的甘甜全都濃縮在裡面的大師風味。

1 昔どうふ一通り4320日圓 2 豆漿雪酪（藍莓口味會隨著季節登場）250日圓 3 豆腐饅頭250日圓 4・5 店舗裡充滿了日式風情

☎075-525-2051 MAP 附錄P14D3
京都市東山区清水3-340 市巴士站清水道步行8分
11:00～16:30（週六、日、假日為～17:30）※會依季節延長
休週四 席120 P無

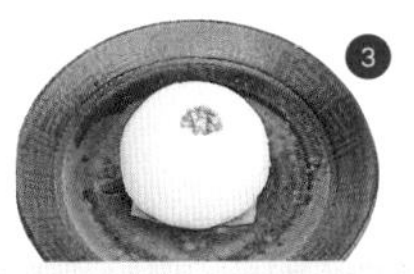

dedegumo 八坂上町店

無數設計得饒富個性的手錶陳列在町家裡。全都是工匠親手製作，每一個手錶的風格都不一樣，存在感絕佳。送給重要的人，對方一定會很高興。除了手錶以外，也有賣首飾。

1 一共有11種膚色的Intro Series 12960日圓（上）及別緻的機界旅行-Ⅱ29160日圓（下） 2 上頭鑲滿了時鐘零件的i-phone手機殼5400日圓 3 店舖位在八坂塔附近，是充滿了京都風情的町家

☎075-551-2270 MAP 附錄P14D3
京都市東山区八坂通下河原東入ル八坂上町370 市巴士站清水道步行5分 10:00～19:00 休無休 P無

こうだいじしょっぷ しょうえん

高台寺ショップ SHOWEN

編繩的老字號昇苑與將日式配件做成新潮又可愛的產品的特產販賣部合作。利用編繩製作成五顏六色的配件琳瑯滿目。將日式風情融入了首飾等平常使用的東西裡。

1 絲綢名片夾 大和矢絣5940日圓 2 絲綢吊飾 立方體1404日圓 3 絲綢 相生戒指各972日圓

☎075-551-1830
MAP 附錄P14D2 京都市東山区高台寺桝屋町362-12 市巴士站清水道步行5分 10:00～18:00（有季節性差異） 休無休 P無

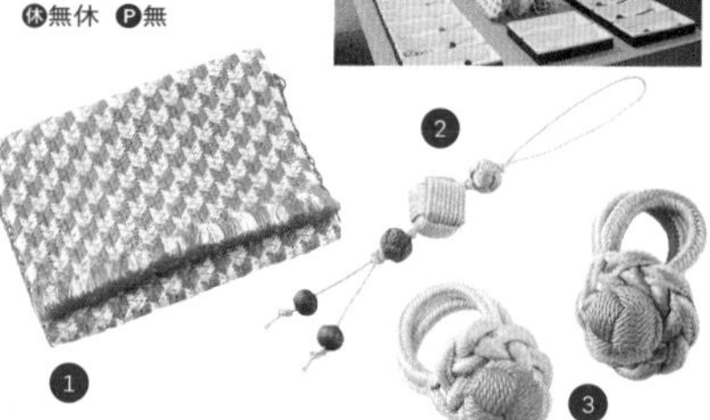

こうだいじ おりおり

高台寺 おりおり

重視溫柔感覺的創作竹工藝店。善用竹子的特性製作的小東西們，拿在手裡非常順手。與洋裝搭配起來相當好看，也能輕易地融入到日常生活中。

1 造型獨特的竹子餐具1個856日圓起 2 竹子工藝的手提包1個75600日圓

☎075-525-2060
MAP 附錄P14D1
京都市東山区高台寺北門前通下河原東入ル鷲尾町522
市巴士站東山安井步行6分
9:00～17:00（夜間點燈時期等等為～21:00） 休週三（春、秋的觀光旺季則無休） P無

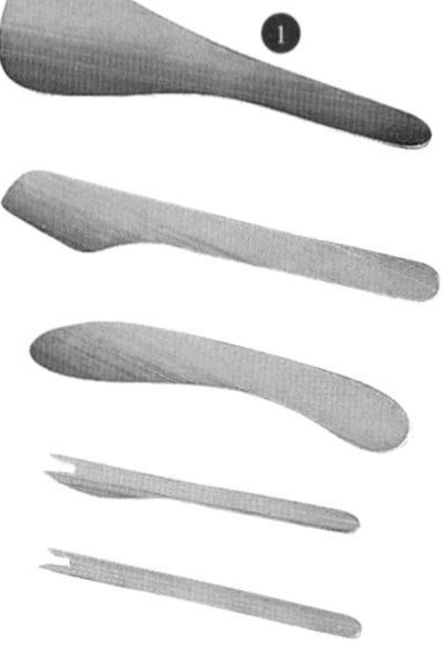

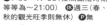

こうだいじ まえだこーひー

高台寺 前田珈琲

有很多人會在早餐或散步的空檔繞過去的咖啡廳。咖啡自不待言，甜點也很豐富。店內瀰漫著平穩安靜的氣氛，是很舒服的空間。

1 綠色小碗套餐—萌黃1020日圓與高台寺店自行研發的咖啡寧寧510日圓 2 以白牆與復古的門簾為標誌

☎075-561-1502 MAP 附錄P14D2
☗京都市東山区高台寺南門通下河原町南西角南町415-2
‼市巴士站清水道步行3分 🕒7:00～18:00 休無休
席42 P無

こうだいじ

9 高台寺

由豐臣秀吉的正室寧寧為他創建的菩提寺。繼承了桃山文化的華麗造型，大膽的石頭造景令人嘆為觀止的庭園及重要文化財的傘亭等等，充滿了大自然的境內有很多饒富意趣的觀光景點。

1 配置著兩個池塘的池泉回遊式庭園，被指定為國家名勝 2 櫻花及楓葉季節的夜間點燈會營造出迥異於白天的夢幻氣氛

☎075-561-9966
MAP 附錄P14D2 ☗京都市東山区高台寺下河原町526 ‼市巴士站清水道步行8分 ¥境內600日圓 🕒9:00～17:00最後受理 休無休 P100輛

Goal

市巴士站東山安井

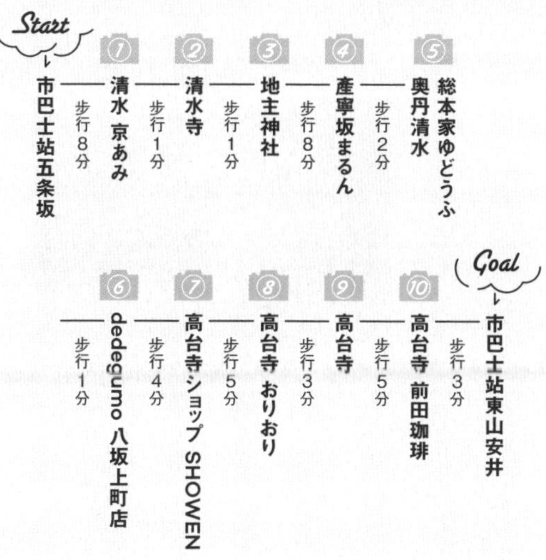

讓心靈雀躍、嚮往 前往祇園追求京都風景

風情萬種的祇園是足以代表京都的花街，也是很符合「優雅明媚」的街道。
只要走在石板路的巷弄及白川沿岸的路上，是一連串如詩如畫的風景。

COMMENTED BY 白木麻紀子 EDITOR

也可以試著踏進祇園町南側，那裡有花見小路通往東西兩邊的街道。林立著風情萬種的茶屋建築，可以感受到歷史

ぎおん
祇園

是這樣的地方

瀰漫著古都特有風情的花街

一整排茶屋格子窗的石板路巷弄及白川沿岸的櫻木行道樹。花街一祇園到處都是來到京都不可錯過，令人嚮往的風景。使用了舞妓&藝妓皆為座上賓的老字號或以前是茶屋的建築物改建而成的咖啡廳、餐飲店、歷史悠久的社寺等等，全都是讓人留連忘返的景點。不妨花多一點時間，享受在街道上散步的樂趣。

MAP 附錄P12～15
京阪祇園四条站、市巴士站祇園下車

京阪祇園四条站

やさかじんじゃ
八坂神社

當地人暱稱為「祇園さん」的神社，可以開運招福、消災解厄。包括祭祀著美神的美御前社在內，境內還有16個攝社及末社等等。每年夏天舉行的祇園祭是八坂神社的祭典。

1 重要文化財的西樓門以色彩鮮艷的紅漆吸引目光，是那一帶的地標

☎075-561-6155
MAP 附錄P12E4 京都市東山區祇園町北側625 市巴士站祇園即到 ¥營休自由參觀 P無

② 一澤信三郎帆布

いちざわしんざぶろうはんぷ

1905（明治38）年創業的帆布包專賣店。使用了結實的布料，工匠以手工製作的皮包及化妝包都很耐用，使用得愈久愈有味道，大受好評。

1 顏色及形狀的種類琳瑯滿目 2 托特包4860日圓 3 肩背包8640日圓

☎075-541-0436 MAP 附錄P12E2
京都市東山区東大路通古門前北高畑町602
市巴士站祇園步行5分 9:00～18:00
休週二（依季節營業） P無

③ 巽橋

たつみばし

橫跨在祇園白川上的小橋。隔著木製的欄杆，眺望河流的景致也別有一番樂趣。附近是一片充滿了花街風情的街道及石板路的風景，讓人感受到京都風情。也是很受歡迎的拍照景點。

1 延伸到巽橋上的石板路是一條稱為「切り通し」的羊腸小徑。附近是賞櫻勝地，建議春天前往

MAP 附錄P12D3
京阪祇園四条站步行4分 P無

④ 和バルOKU

わばるおく

座落在祇園巷弄裡的現代化町家酒吧。以重視季節的食材製作的佳餚和日式甜點，全都是優雅又多層次的風味。晚上也可以輕鬆地享用單點菜色，可以站著喝酒。

1 每月更換的午餐OKUのおばんざい2800日圓 2 白牆搭紫色的椅子、庭園的綠意在店內輝映

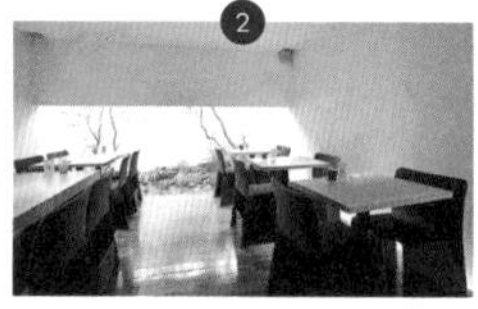

☎075-531-4776
MAP 附錄P12D4 京都市東山区祇園町南側570-119 京阪祇園四条站步行4分 11:30～22:00（有季節性差異） 休週二（逢假日則翌日休） 席38 P無

Goal

京阪祇園四条站

⑤ GRAND MARBLE祇園

グランマーブル祇園

將巧克力及起司等精挑細選的食材揉進麵糰裡，主廚一條一條烘烤的丹麥麵包很有名。大理石花紋很可愛，也很適合買來當伴手禮。也別錯過當季限定的產品。

1 巧克力．巧克力1條1296日圓，巧克力草莓1條1512日圓等等 2 由町家改建，後面還有庭院

☎075-533-7600 MAP 附錄P12D4
京都市東山区祇園町南側570-238 市巴士站祇園步行3分 11:00～20:00 休無休 P無

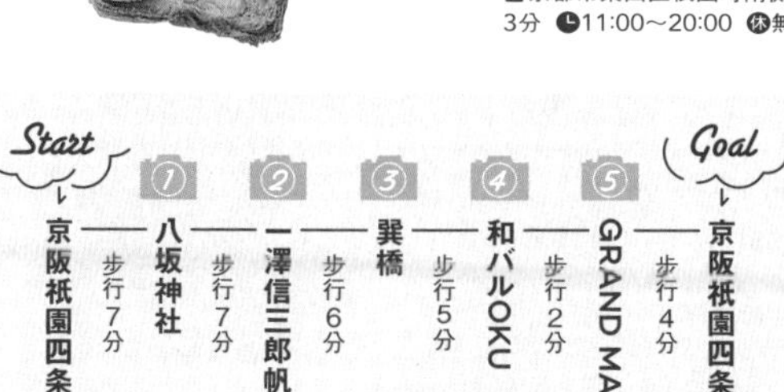

在京都的廚房──錦市場 品嘗可口的當地美食

一面享受市場熱鬧喧囂的氣氛，尋找自己想吃的味道，在拱廊型商店街裡散步。
新鮮的水果及蔬菜不用說，可以品嘗到和菓子或醬菜等京都特有的風味也很有吸引力。

COMMENTED BY 山下崇德 EDITOR

にしきいちば

錦市場

參觀時間約 40分

鮮魚及水果、甜點也很豐富 充滿了活力的美食據點

持續支持著京都的美食長達400年的錦市場。廚師當然不用講，當地人及觀光客也會造訪的市場內瀰漫著食物的香氣，充滿了朝氣蓬勃的喊聲。拱廊之下鱗次櫛比地林立著100家以上的店，令人雀躍不已。

☎075-211-3882（京都錦市場商店街振興組合）
MAP 附錄P11B2、C2、P13A3周邊
阪急烏丸站步行3分，或者是地下鐵四条站步行6分（西端）、阪急河原町站下車即至（東端） 🕒休 因店而異
P 14輛（共用）

Ⓐ 麩嘉 錦店　鮮魚木村 Ⓑ

←往四条烏丸

Ⓒ 池鶴果実 Ⓓ 錦 もちつき屋

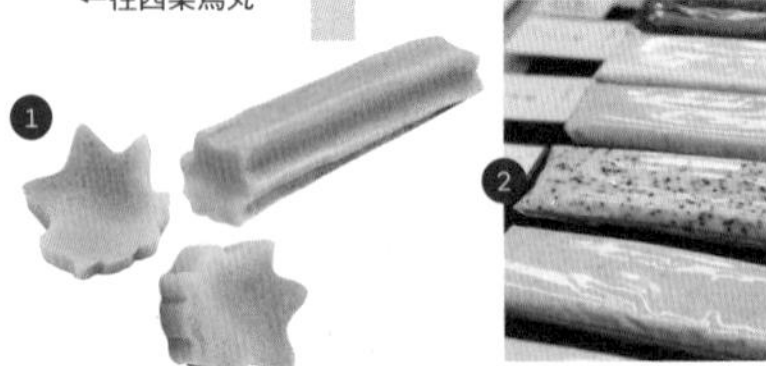

ふうか にしきみせ

Ⓐ 麩嘉 錦店

江戶中葉創業的麩專賣店。從招牌的生蓬麩到南瓜及九層塔這些特殊的口味，一共有大約20種生麩。具有滑溜溜的口感及QQ軟軟的嚼勁。

1 讓餐桌上充滿了色彩的紅葉麩1條383日圓 2 陳列得琳瑯滿目的生麩，也有季節限定品 3 柔韌彈牙的口感令人一吃上癮的麩饅頭1個226日圓

☎075-221-4533 MAP 附錄P11B2
🏠京都市中京区錦小路堺町角菊屋町534-1 阪急烏丸站步行4分 🕒9:30～18:00（週三為～17:30） 休週一、1～8月的最後週日

せんぎょきむら

Ⓑ 鮮魚木村

創業超過300年的老字號鮮魚店。也批發魚貝類給高級料亭，聽說還有很多廚師是常客。種類豐富的生魚片串可以輕鬆地吃到新鮮海產，有名到只要來到錦市場就要來上一串。

1 最有名的是油脂豐富的鮭魚肚、義式醃漬鮪魚生魚片等等，1根200日圓起 2 也別錯過隨季節及進貨狀態而異的調味

☎075-221-1639
MAP 附錄P11B2
🏠京都市中京区錦小路通柳馬場西入ル中魚屋町486 阪急烏丸站步行4分 🕒10:00～18:00 休週日、假日

みきけいらん
三木鶏卵 E

用利尻昆布及柴魚片熬煮而成的高湯，瀰漫著美好香味的雞蛋專賣店。店頭陳列著新鮮的雞蛋及蛋製品。除了廚師當場煎出鬆鬆軟軟的高湯蛋捲以外，也販賣用蛋製作的麵包。

1 可以看到廚師在店的後方煎蛋的身影。絕妙的火候不愧是大廚的手藝 2 美味絕倫的高湯蛋捲（中）1條700日圓 3 滋味濃郁的小玉黃味紅豆麵包5個裝450日圓

☎075-221-1585 MAP 附錄P11B2
京都市中京区錦小路通富小路西入ル東魚屋町182 阪急烏丸站、或者是河原町站步行5分 9:00～18:00 休 無休

くろまめさあん きたお にしきてん
黒豆茶庵 北尾 錦店 F

販賣著高品質的京都丹波產黑豆及紅豆的老字號。除了秤重販賣的以外，也有用黑豆做的餐點以及自己用石臼研磨黑豆粉撒在上頭的甜點等等，內用的菜單也很豐富。

1 用石臼現磨的黃豆粉香氣四溢 2 把黃豆粉撒在霰餅上的ぽりぽり1盒394日圓。包裝也很可愛 3 黑豆粉霜淇淋324日圓（內用為486日圓）

☎075-212-0088 MAP 附錄P13A3
京都市中京区錦小路通麩屋町西入ル東魚屋町192 阪急河原町站步行5分 10:00～18:00（喝茶為11:00～17:00）休 週三（有季節性差異）席 34

三木鶏卵 E

F 黒豆茶庵 北尾 錦店

往四条河原町→

いけつるかじつ
池鶴果実 C

錦市場唯一的水果專賣店。可以品嘗到從全國各地進貨的水果打成的新鮮果汁。除了四季更替的菜單以外，可以將愛吃的水果組合起來點的方式也很貼心。

1 在眼前現打當熟的水果 2 有20種以上的新鮮果汁，種類豐富。1杯250日圓起，2種特調果汁為400圓起

☎075-221-3368 MAP 附錄P11B2
京都市中京区錦小路通柳馬場東入ル東魚屋町171 阪急烏丸站、或者是河原町站步行5分 10:30～18:00 休 週三

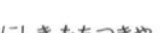

にしき もちつきや
錦 もちつき屋 D

可以吃到現搗麻糬的熱門店。有白味噌及蘿蔔泥等配料、雜煮及餡蜜等等，多姿多彩的菜色很有魅力。也可以在店頭參觀或體驗搗麻糬。

1 裝滿了12道錦市場特產的錦市場便當1850日圓。還附和菓子 2 撒滿了黃豆粉的杯裝蕨餅190日圓 3 可以看到熱鬧市場的店內

☎075-223-1717 MAP 附錄P11B2
京都市中京区錦小路通柳馬場東入ル東魚屋町175 阪急烏丸站、或者是河原町站步行5分 11:00～17:30（週六、日、假日為～18:00）休 不定休 席 52

從哲學之道走向充滿東山文化氣息的銀閣寺

櫻花及新綠、楓紅，一年四季都有美麗的風景，潺湲的水聲非常療癒。
不妨一面走訪漂亮的景點，一面感受哲學之道周邊讓人心情平靜的氣氛。

COMMENTED BY 岩朝奈奈惠 EDITOR

哲學之道是從熊野若王子神社延伸到銀閣寺橋的十字路口的散步步道。
走在綠意中，讓人感覺很放鬆

Start → 市巴士站東天王町

是這樣的地方

てつがくのみち

哲學之道

自然豐沛的河畔散步步道 側耳傾聽潺潺水聲

沿著排水分線延伸的哲學之道，約2公里的散步步道，名稱的由來是因為京都的哲學家——西田幾多郎邊散步邊沉思而來。櫻花及楓葉等等妝點著小徑及排水道，展現出四季不同的倩影。請您閒地慢慢散步，順道逛逛周邊的社寺及精緻的商店。也很建議把再往南走一點的南禪寺（→P127）納入路線裡。

MAP 附錄P17B2
市巴士站銀閣寺道下車即至（北端）、市巴士站東天王町步行8分（南端）

よーじやぎんかくじてん しょっぷあんどかふぇ

1 よーじや銀閣寺店 ショップ&カフェ

將充滿了日式風情的大正建築改建成咖啡廳。可以邊看庭院的風景邊享用甜點，享受向東山借景的景色。包括熱賣的吸油面紙在內，腹地內也有販賣化妝道具的商店。

1 抹茶卡布其諾及最中餅，與冰淇淋組成套餐的よーじや套餐1100日圓是銀閣寺店才有的商品 2 咖啡廳採取把餐點放在和式座位上的方式，所有的座位都面向庭院 3 由上方順時鐘分別是吸油面紙1本20張356日圓、まゆごもり護手霜30克702日圓、保濕面膜1包540日圓

☎075-754-0017（咖啡廳）

MAP 附錄P17C2
京都市左京区鹿ケ谷法然院町15
市巴士站錦林車庫前步行5分
咖啡廳10:00～18:00（商店為9:45～）休無休
席38 P無

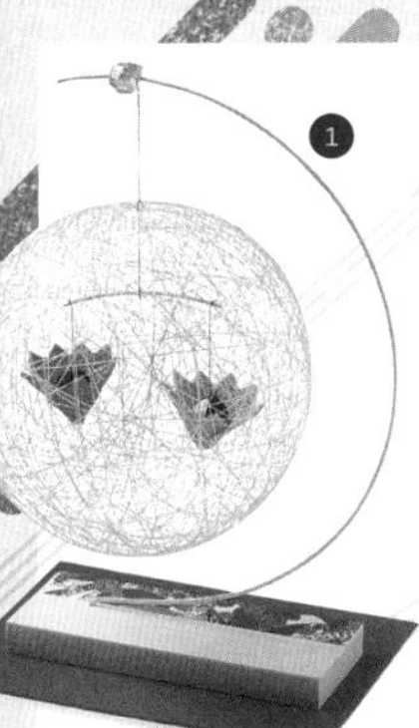

かぜのやかた
風の館

隨風搖曳的動態雕塑及友禪風車等等，精緻的日式雜貨琳瑯滿目。紙工藝裝飾品的設計會隨季節而異，可以享受到日本的風味及季節感。

1 小裝飾品在用線細細地纏起來的球裡搖曳，看起來超卡哇咿的雙綠 花姬2160日圓

☎075-751-1007 MAP 附錄P17C1
京都市左京区浄土寺上南田町67 市巴士站銀閣寺道步行6分 9:00～18:00 休無休 P無

ぎんかくじ(じしょうじ)
銀閣寺(慈照寺)

起源自1482（文明14）年室町幕府8代將軍足利義政著手興建，作為隱居之地。追求簡單樸素又有品味的美感，將侘寂的美學流傳至今的建築及庭園的造形之美十分壯觀。

1 向月台是以月亮為設計概念的沙造形物，以及反射著光線，將光線引進本堂的沙造景—銀沙灘也很有情調

☎075-771-5725 MAP 附錄P17C1
京都市左京区銀閣寺町2 市巴士站銀閣寺道步行10分 ¥參拜費500日圓（特別參拜時，本堂、東求堂、弄清亭要另收1000日圓） 8:30～17:00（12～2月為9:00～16:30，特別參拜為10:00～16:00） 休無休 P無

ぎんかくじきゃんでーてん
銀閣寺キャンデー店

1948（昭和23）年創業的冰棒專賣店。復古又可愛的冰棒有加入了果肉或抹茶口味等等，種類相當豐富。1根60日圓起，便宜的價位也很讓人開心。

1 加入了草莓、香蕉的果肉各140日圓 2 抹茶、橘子各140日圓，蘇打60日圓，鳳梨汁250毫升50日圓

☎075-771-5349
MAP 附錄P17B1
京都市左京区浄土寺東田町56
市巴士站銀閣寺道即到
11:00～19:00（週六為～21:00、週日為13:00～21:00） 休週二、第2週日、一 P無

あいす ろーりー
Ice Lolly

門的另一邊是『少女的雜貨店』。由老闆夫婦製作的塑膠板首飾充滿了赤子之心，擺滿了由作家製作的雜貨等可愛商品的店內，一定會讓人充滿期待。

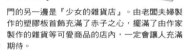

1 塑膠板耳環，穿式、夾式各1組1080日圓起 2 模樣討喜的磁鐵各302日圓 3 可以把小東西裝進去的童話書型盒子702日圓

☎075-722-7660 MAP 附錄P17B1
京都市左京区北白川久保田町29-9 市巴士站銀閣寺道即到 14:00～19:00 休週二，偶有不定休 P無

Goal
市巴士站銀閣寺道

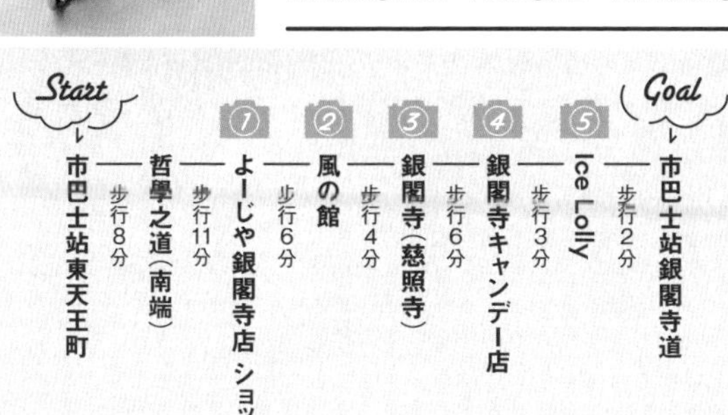

深入採訪 旅遊小筆記

令人好奇的 用語

上ル下ル【アガルサガル】 東入ル西入ル【ヒガシイルニシイル】

意思

京都的市容以規畫得整齊方正的街道為特徵。上述的街道往北、南方向延伸各自稱之為上ル下ル，往東、西向延伸的稱之為東入ル西入ル。只要記住就很方便了！

範例1

如欲前往京都御所，請順著這條路直直地往上走。

如欲前往京都御所，請順著這條路直直地往北邊走。

範例2

那家店在四条通寺町西入ル。

那家店在四条通與寺町通的十字路口往西走的地方喔。

令人好奇的 採訪途中

旋轉腦袋！

驚人實現願望的搖頭地藏

鎮座在清水寺（→P30）的正門—仁王門前的小地藏菩薩。脖子可以旋轉360度，聽說把頭轉向自己的心上人所在的方向許願，戀情就能開花結果。

保護著屋頂的鍾馗大人

抬望往町家的屋頂上一看，就會看見做成人形的小型守護神。稱之為鍾馗大人，自古以來就被視為是除魔、防火的神明。據說出現在中國唐玄宗的夢裡，負責將鬼擊退是鍾馗的起源。每尊的表情都不一樣，有的眼神很銳利，有的睜大了雙眼，模樣可愛。

令人好奇的人物是 何方神聖？

月橋渡小弟

嵐山商店街的吉祥物是把渡月橋背在背上的月橋渡小弟，超現實的模樣令人印象深刻。

錦天滿宮的鳥居 MAP附錄P13A3

刺進兩側大樓牆壁而立的鳥居令人大開眼界。

彌榮計程車的幸運草

幸運草標誌的彌榮計程車總計1200輛車裡，只有4輛車有幸運草的標誌。坐到的話很幸運！

本書作者的真心話
各式各樣的必遊景點複習

SPOT

如果要去京都旅行，一定不能錯過世界遺產的社寺。清水寺（→P30）及金閣寺（→P130）、銀閣寺（→P126）等一共17座世界遺產之中，以自己想看的社寺為中心規畫路線是標準的京都旅行。尤其是清水寺，因為可以順便前往風情萬種的參道，是第一次去京都的人絕不能錯過的景點。如果想要繼續追求京都的風情，建議前往地點方便，美食、伴手禮一應俱全的祇園（→P114）和嵐山（→P108）。只要各花半天來散步，就能聰明地走遍各大景點。櫻花及楓葉等等，四季風景美不勝收的哲學之道（→P118）也是熱門景點。在這裡可以拍到有如風景明信片的照片！走走看看，肚子餓了以後，請務必走一趟錦市場（→P116）。在鱗次櫛比的店頭，價格經濟實惠&可以輕鬆享用的外帶京都美食可是應有盡有喔。

FOOD

若說什麼是京都飲食文化的中心，果然還是傳統的日本料理。對於人稱其代表的京都料理，一般人都抱持著「門檻和價位都很高」的印象對吧？然而實際上，也有只要3000日圓左右就可以享用到午餐的餐廳。如果想體驗京都料理，請務必從午餐開始挑戰！如果想更輕鬆地品嘗日本料理，則推薦大家丼飯（→P68），可以輕鬆又愉快地享用到道地的高湯風味。近年來，使用了京都蔬菜（→P70）的義大利菜及法國菜也愈來愈多。色彩繽紛又健康的外觀，讓人忍不住想拍下來上傳到社群網站上。午餐後的下午茶時光，當然也要重視京都的風味。對食材及作法多所講究的甜點店的抹茶聖代（→P58）及蕨餅（→P60）每家店的特色都不一樣，所以不妨多吃多比較，找到自己喜歡的味道也別有一番樂趣呢。

SOUVENIR

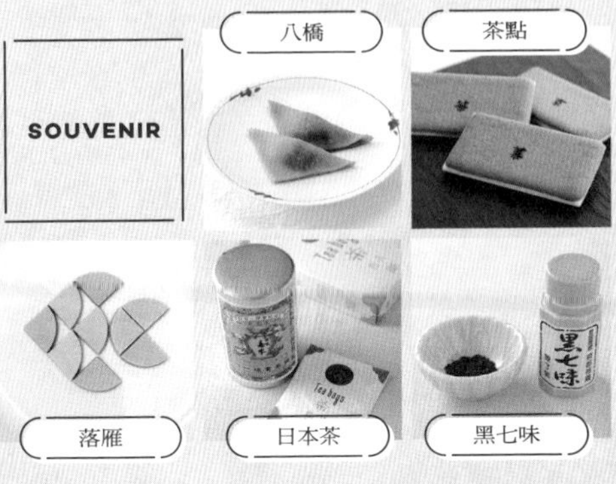

種類豐富的京都點心讓人不曉得該買哪一種，是必買的伴手禮。最標準的無非是八橋，抹茶或肉桂等基本口味當然不用說，也請一定要挑戰彈珠汽水口味、香蕉巧克力口味等奇特的口味。另外，北山的法式甜點專賣店MALEBRANCHE推出的濃茶貓舌頭茶點已逐漸躋身為與八橋齊名的京都伴手禮。淡淡苦澀的茶香與白巧克力的絕妙比例好吃到讓人一吃上癮。最近UCHU wagashi（→P94）的落雁等等，也有很多新穎的設計很吸引人的和菓子，可愛的外觀讓女生的眼睛為之一亮，讓人幾乎捨不得吃。至於想找點心以外的伴手禮的人，則建議高品質的日本茶或京都風味的調味料。尤其是原了郭（→P101）的黑七味，除了烏龍麵和火鍋以外，加到義大利麵或油炸品裡也很對味，可以說是全能的調味料。

/ 區域別 /

STANDARD SPOT CATALOG

至少想去一次的知名社寺&必遊景點目錄

CONTENTS

地點的相對位置請見P22

AREA

清水寺周邊

KIYOMIZUDERA SHUHEN

STANDARD SPOT CATALOG

地主神社
じしゅじんじゃ
神社

位於清水寺（→P30）境內的神社，是京都最具代表性的求姻緣能量景點。只要能閉著眼睛走過鎮座在境內的兩座「戀愛占卜石」之間，聽說戀愛就能開花結果。除了戀愛占卜石以外，還有灑水地藏、觸摸大國等求好運的景點。

☎075-541-2097 MAP 附錄P14F4 京都市東山区清水1-317 市巴士站五条坂或者是清水道步行13分 ¥免費參拜（清水寺的參拜費要400日圓） 9:00～17:00 休無休 P無

在被指定為重要文化財的本殿裡，供奉著主祭神大國主命

八坂塔（法觀寺）
やさかのとう（ほうかんじ）
寺廟

相傳由聖德太子奉如意輪觀音之命創建的佛寺。也稱為「八坂塔」的五重塔經常出現在廣告或連續劇裡，是大家都很熟悉的風景。內部公開日可以上到第二層，將京都的街道盡收於眼底。

☎075-551-2417 MAP 附錄P14D3 京都市東山区清水八坂上町388 市巴士站清水道步行3分 ¥參拜400日圓（國中生以下不可參拜） 10:00～16:00 休不定休 P無

被指定為重要文化財產，是大家都很熟悉的東山地標

八坂庚申堂（金剛寺）
やさかこうしんどう（こんごうじ）
寺廟

據說是平安時期從中國傳來的庚申信仰的道場，本尊為青面金剛（庚申大人）。圍繞在供奉在境內的賓頭盧尊者四周的「くくり猿」是非常熱門的拍照據點。藉由綁住猴子的手腳，表現出壓抑欲望的模樣。

☎075-541-2565 MAP 附錄P14D3 京都市東山区金園町390 市巴士站清水道步行3分 ¥免費參拜 9:00～17:00 休無休 P無

紅漆十分鮮艷的三門迎接著來參拜的人。三猿就鎮座在門上

六波羅蜜寺
ろくはらみつじ
寺廟

951（天曆5）年，空也上人為了鎮壓疫情而建立。平安時代曾經是平氏一族的據點。本尊是每12年才公開一次的十一面觀音立像，是珍藏的國寶。本堂塗著色彩鮮艷的朱漆，是室町時代的作品，被指定為重要文化財。

☎075-561-6980 MAP 附錄P15B3 京都市東山区五条通大和大路上ル東 市巴士站清水道步行6分 ¥免費參觀 8:00～17:00（寶物館的受理為8:30～16:30） 休無休 P5輛

位於境內的寶物館裡，收藏著空也上人像及平清盛坐像等等

AREA

祇園

GION

STANDARD SPOT CATALOG

八坂神社 やさかじんじゃ
神社

當地人暱稱為「祇園さん」，深受支持的古老神社，是每年7月舉行的夏季風情畫—祇園祭的舞台。除了以保佑生意興隆、開運招福、消災解厄而廣為人知之外，境內還有祭祀著美神的美御前社，受到女性的虔誠崇拜。

☎075-561-6155 MAP 附錄P12E4
京都市東山区祇園町北側625 市巴士站祇園即到 ¥🕒休 自由參觀 P無

拜殿與屋頂尖尖的「祇園造」這種構造非常有特色的本殿

知恩院 ちおんいん
寺廟

起源自1175（承安5）年，淨土宗開山始祖—法然上人在此結蘆草庵，傳授專修念佛教義。迎接著參拜者的國寶三門高24公尺、寬50公尺，是日本規模最大的木造門。御影堂為了保存修理，在2019年以前不對外公開。

☎075-531-2111 MAP 附錄P10F2
京都市東山区林下町400 市巴士站祇園步行7分 ¥🕒休 自由參觀（友禪苑300日圓、方丈庭園400日圓）P無

境內的大鐘樓由17位僧侶合力敲響，是冬天的風情畫之一

建仁寺 けんにんじ
寺廟

相傳創建於1202（建仁2）年的臨濟宗建仁寺派的大本營，是京都最古老的禪寺。俵屋宗達畫的「風神雷神圖屏風」（展示為複製品）及中央的二尊石美不勝收的潮音庭等地是主要景點。

☎075-561-6363 MAP 附錄P15B2
京都市東山区大和大路四条下ル小松町584
市巴士站祇園步行5分 ¥參拜500日圓 🕒10:00～17:00（11～2月為～16:30）※受理到30分前截止 休無休（也有不可參拜日） P40輛（1小時免費）

日本畫家小泉淳作氏花了2年才描繪而成的法堂天花板的雙龍圖

安井金比羅宮 やすいこんぴらぐう
神社

男女間的姻緣不用說，還可以斬斷賭博或抽菸等各種惡習、締結良緣的神社。據說只要鑽過上頭貼滿了寫著心願的符紙的「斬惡緣、結良緣之碑」，願望就能實現。

☎075-561-5127 MAP 附錄P15C2
京都市東山区東大路松原上ル下弁天町70 市巴士站祇園步行10分 ¥自由參觀（繪馬館為500日圓） 🕒自由參觀（授與所為9:00～17:30） 休無休（繪馬館為週一）P5輛

本殿旁邊掛滿了大量寫著願望的繪馬

AREA

銀閣寺、哲學之道、一乘寺周邊

GINKAKUJI TETSUGAKU NO MICHI ICHIJOHJI SHUHEN

STANDARD SPOT CATALOG

銀閣寺

寺廟

銀閣寺（慈照寺）

ぎんかくじ（じしょうじ）

室町幕府時代8代將軍足利義政於1482（文明14）年興建的山莊——東山殿是其起源。庭院深深的觀音殿（銀閣）是足以代表東山文化的建築物，具有相當高的評價。

☎075-771-5725 MAP 附錄P17C1
京都市左京區銀閣寺町2 市巴士站銀閣寺道步行10分 ¥參拜500日圓（特別參拜的時候，本堂、東求堂、弄清亭要另收1000日圓） 8:30～17:00（12～2月為9:00～16:30，特別參拜10:00～16:00） 休無休 P無

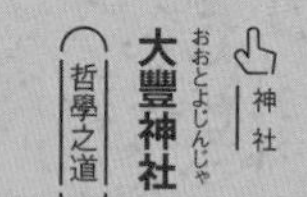

堆在觀音殿前的圓錐形沙堆—向月台簡直就像現代藝術一樣

哲學之道

寺廟

法然院

ほうねんいん

為山茶花及楓葉的名勝，淨土宗的開山始祖—法然上人誦唸六時禮讚的草庵是其起源。入口設置著兩個沙堆——白砂壇，據說只要從中間走過去，就能潔淨身心。

☎075-771-2420 MAP 附錄P17C2
京都市左京區鹿ケ谷御所ノ段町30 市巴士站東天王町搭100系統3分，法然院町下車，步行7分 ¥免費參拜（特別參拜為春500日圓、秋800日圓） 6:00～16:00 休無休 P無

座落在山間的茅草山門非常有情調。尤其是籠罩著楓紅的秋天美不勝收

哲學之道

神社

大豐神社

おおとよじんじゃ

為座落在哲學之道上的古老神社，以供奉在境內末社裡的狛鼠像聞名。老鼠救了末社的祭神——大國主命的神話是其起源，被視為是安胎及姻緣的神明，受到虔誠的信仰。山茶花及梅花、楓葉等大自然也很有看頭。

☎075-771-1351 MAP 附錄P17C3
京都市左京區鹿ケ谷宮ノ前町1 市巴士站東天王町步行10分 ¥休自由參觀 P8輛（需洽詢）

為鹿谷　帶的產土神，供奉著少彥名命、應神天皇，菅原道真三柱神明

哲學之道

神社

熊野若王子神社

くまのにゃくおうじじんじゃ

始於1160（永曆元）年，後白河上皇恭請紀州熊野權現過來的神社，與熊野神社及新熊野神社齊名，為京都三熊野之一。聳立在境內的竹柏樹，是樹齡超過400年的大樹，被視為是京都最古老的竹柏。

☎075-771-7420 MAP 附錄P17C3
京都市左京區若王子町2 市巴士站南禪寺、永觀堂道步行6分 ¥休自由參觀 P無

境內為賞櫻勝地，每年春天會舉行絢爛豪華的櫻花祭典

真如堂（真正極樂寺）

しんにょどう（しんしょうごくらくじ）

寺廟　（哲學之道）

984（永觀2）年，戒算上人開創的天台宗佛寺。本尊是稱之為點頭的阿彌陀佛的阿彌陀如來，是照顧女性的佛陀，受到大家的信仰。秋天可以欣賞到爭奇鬥艷的三重塔與楓紅。

☎075-771-0915 MAP附錄P17B2 ⌂京都市左京区浄土寺真如町82 ‼市巴士站錦林車庫前步行8分 ¥免費參觀（寶物、庭園為500日圓） ⏲9:00～16:00 休不定休（偶有法會等暫停參拜的日子） P5輛（楓葉季沒有）

向大文字山等東山借景的枯山水涅槃庭園也是主要看點之一

南禪寺

なんぜんじ

寺廟　（哲學之道）

由足利義滿建造，以位列京都最高等級的佛寺——五山之上的五山文化為中心的佛寺。被列為京都三大門之一，高達22公尺的三門以莊嚴肅穆、富麗堂皇的風格為特徵。

☎075-771-0365 MAP附錄P17B4 ⌂京都市左京区南禅寺福地町86 ‼地下鐵蹴上站步行6分 ¥免費參拜（方丈庭園500日圓、三門500日圓） ⏲境內自由參觀（方丈庭園、三門為8:40～17:00※12～2月為～16:30） 休12月28～31日 P25輛

也可以爬上三門，從樓上的回廊欣賞東山絕美的風景

詩仙堂

しせんどう

寺廟　（一乘寺）

以漢詩的名家石川丈山度過餘生的山莊遺址為起源的佛寺，「詩仙之間」裡掛著狩野探幽畫的中國三十六詩仙。唐樣庭園裡配置著白沙及修剪得很整齊的杜鵑花，美不勝收。

☎075-781-2954 MAP附錄P2C3 ⌂京都市左京区一乗寺門口町27 ‼市巴士站一乗寺下り松町步行7分 ¥參拜500日圓 ⏲9:00～16:45最後受理 休無休（5月23日的丈山忌不得參拜） P無

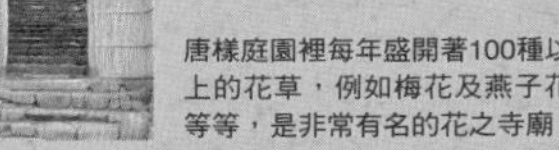

唐樣庭園裡每年盛開著100種以上的花草，例如梅花及燕子花等等，是非常有名的花之寺廟

曼殊院門跡

まんしゅいんもんぜき

寺廟　（一乘寺）

782～806（延曆年間）年由最澄在比叡山創建開始，為天台宗五門跡之一。後來由良尚法親王遷移到現在的地方，散發出王朝的優雅風情。5月的霧島杜鵑花及秋天的楓葉季節吸引許多人前來。

☎075-781-5010 MAP附錄P2C2 ⌂京都市左京区一乗寺竹ノ内町42 ‼JR京都站搭市巴士5系統54分，修学院離宮道下車，步行20分 ¥參拜600日圓 ⏲9:00～16:30最後受理 休無休 P50輛

矗立在石階上的勅使門。秋天自不待言，綠色的楓葉也很漂亮

AREA

二条城、京都御所周邊

NIJOJO KYOTOGOSHO SHUHEN

STANDARD SPOT CATALOG

元離宮二条城 もとりきゅうにじょうじょう

名勝

江戶幕府第一任將軍德川家康築的城，是15代將軍慶喜宣布大政奉還的歷史性場所。配置著狩野派紙門壁畫的二之丸御殿及唐門等等，有許多象徵著桃山文化的文化財產。

☎075-841-0096 MAP附錄P7B2 京都市中京區二条通堀川西入ル二条城町541 市巴士站二条城前步行即到 ¥入城600日圓 8:45～16:00最後受理(二之丸御殿為9:00～) 休1·7·8·12月的週二(逢假日則翌日休) P216輛(收費)

二之丸御殿一共有33個房間排列成雁行狀，是武家書院造型的代表性建築

晴明神社 せいめいじんじゃ

神社

供奉著平安時代的陰陽師安倍晴明。是京都最大的能量景點，到處都描繪著象徵陰陽道的晴明桔梗印（五芒星）。有很多人為了祈求提升工作運勢而前來造訪。

☎075-441-6460 MAP附錄P7B1 京都市上京區晴明町806 市巴士站二条城前搭市巴士9系統6分，一条戾橋．晴明神社前下車，步行即到 ¥免費參拜 9:00～18:00 休無休 P14輛(20分100日圓)

神社境內還留有據說是安倍晴明用念力使其湧出的晴明井

京都御所 きょうとごしょ

名勝

天皇從南北朝時代到移居到東京之前住的地方。有執行公務的紫宸殿及作為日常生活場所的清涼殿等等，以典雅的建築物為主的庭園一望無際。

☎075-211-1215(宮內廳京都事務所參觀課) MAP附錄P6D1 京都市上京區京都御苑 地下鐵今出川站步行5分 ¥免費參觀 休關於參觀手續，請洽宮內廳京都事務所參觀課(洽詢網址:http://sankan.kunaicho.go.jp) P利用京都御苑停車場

氣氛沉靜的清涼殿的御帳台前方磐踞著狛犬和獅子

下鴨神社（賀茂御祖神社） しもがもじんじゃ（かもみおやじんじゃ）

神社

穿過糺之森就映入眼簾的朱紅色城門令人印象深刻。同時也是京都三大祭——葵祭的舞台，境內有祭典時齋王代用來淨身的御手洗池。自古以來就以五穀豐登的神明受到景仰。

☎075-781-0010 MAP附錄P8E3 京都市左京區下鴨泉川町59 市巴士站下鴨神社前步行即到 ¥免費參拜(大炊殿、御車舍、河合神社的特殊參拜共通券500日圓) 本殿6:30～17:00(特別參拜為10:00～16:00) 休無休 P200輛

供奉者神木——連理之賢木的相生社以能保佑姻緣及安胎有名

西本願寺
にしほんがんじ
寺廟

1272（文永9）年，覺信尼為安置父親親鸞聖人的遺骨及遺像是這座佛寺的起源。絢爛豪華的國寶——唐門會讓人看到入神，忘了時間，所以又稱為「日暮門」。

☎075-371-5181 MAP 附錄P5B1
京都市下京区堀川通花野町下ル 京都站步行15分 ¥自由參拜 5:30～17:00（3·4·9·10月為～17:30、5～8月為～18:00）休無休 P提供參拜者專用

種植在御影堂前，樹齡約400年的銀杏又稱為「倒銀杏」

東本願寺
ひがしほんがんじ
寺廟

真宗大谷派的本山，1602（慶長7）年，德川家康將土地捐獻給第12代教如上人，由後者創建。包括被譽為全球規模最大的木造建築，寬76公尺、高38公尺的御影堂在內，阿彌陀堂及御影堂門等建築物也都相當震撼人心。

☎075-371-9181 MAP 附錄P5C1
京都市下京区烏丸通七条上ル 市巴士站烏丸七条步行即到 ¥免費參拜 5:50～17:30（11～2月為6:20～16:30）休無休 P無

座落在烏丸通上的菊之門，特色在於匠心獨運，懸山頂的四腳門造型

泉涌寺
せんにゅうじ
寺廟

為真宗泉涌寺派的總本山，在興建伽藍的時候，從境內湧出泉水是寺名的由來。供奉著以唐玄宗的妃子——楊貴妃為模特兒打造的楊貴妃觀音像，有許多女性會來祈求變漂亮。

☎075-561-1551 MAP 附錄P4F3 京都市東山区泉涌寺山内町27 市巴士站東福寺步行10分 ¥參拜500日圓，御殿、庭園300日圓 9:00～16:30最後受理（12～2月為～16:00最後受理）休無休（寶物館為第4週一休館）P30輛

美麗的楊貴妃觀音像。本寺因為是皇室的菩提寺，故又稱「御寺」

伏見稲荷大社
ふしみいなりたいしゃ
神社

為全國約3萬座稻荷神社的總本宮，以保佑五穀豐收、生意興隆的神明受到信仰。從奧宮到奧社約150公尺的參道上，宛如隧道般綿延無盡的千本鳥居撼動人心。走到稻荷山山頂的登山之旅是一條約4公里的路線。

☎075-641-7331 MAP 附錄P4E4
京都市伏見区深草藪之内町68 JR京都站搭JR奈良線5分，稻荷站下車，步行即到 ¥休自由參觀 P170輛

境內的各個角落都配置著被視為是神之使者的狐狸像

AREA

金閣寺周邊

KINKAKUJI SHUHEN

STANDARD SPOT CATALOG

金閣寺（鹿苑寺）
きんかくじ（ろくおんじ）　寺廟

金碧輝煌的舍利殿（金閣）是其象徵。為高達12.5公尺的三層構造的樓閣，特色在於各自採用了不同的建築風格。源起自室町幕府3代將軍一足利義滿建造的北山殿，後來改成臨濟宗寺廟。

☎075-461-0013 MAP 附錄P16C1
京都市北区金閣寺町1 市巴士站金閣寺道步行3分 ¥參拜400日圓 9:00～17:00 休無休 P250輛(1小時300日圓)

據說是以位於極樂世界的七寶池為設計概念打造而成的鏡湖池，風景甚為壯觀

龍安寺
りょうあんじ　寺廟

方丈前的石庭又稱「石花園（Rock Garden）」，具有世界級的知名度。無論從哪個角度來看，都無法同時看到配置在白沙上的15塊石頭，不可思議的配置是其特徵。

☎075-463-2216 MAP 附錄P16A2
京都市右京区龍安寺御陵下町13 市巴士站竜安寺前步行即到 ¥參拜500日圓 8:00～17:00(12～2月為8:30～16:30) 休無休 P100輛(參拜者1小時免費)

水戶光圀公捐贈的「吾唯足知」的手水缽※目前設置的是仿造品

妙心寺
みょうしんじ　寺廟

從1337（建武4）年，花園天皇將離宮改建為禪寺一事開始，是臨濟教心寺派的本山。描繪在法堂天花板上的雲龍圖震撼力十足，是狩野探幽歷時8年才完成的傑作。

☎075-461-5226 MAP 附錄16A4
京都市右京区花園妙心寺町1 JR花園站步行5分 ¥參拜500日圓 9:10～11:50、12:30、13:00～15:40(3～10月為～16:40)每隔20分鐘會有導遊導覽 休無休 P20輛

三門及法堂、大方丈等七寶伽藍排成一直線的禪寺配置相當獨特

退藏院
たいぞういん　寺廟

相傳為創建於1404（應永11）年的妙心寺公開塔頭之一，珍藏著由室町時代的如拙畫僧所描繪的國寶──瓢鮎圖。由昭和的造園家中根金作氏一手打造的池泉回遊式庭園──余香苑，巧妙地帶出景深的構造令人嘆為觀止。

☎075-463-2855 MAP 附錄16A4 京都市右京区花園妙心寺町35 JR花園站步行5分 ¥參拜500日圓※抹茶要另收500日圓 9:00～17:00 休無休 P13輛(也可以利用妙心寺停車場)

瓦片及紙門、欄間等等，到處都可以看到葫蘆及鯰魚的圖案

大德寺 だいとくじ
寺廟

起源自1319（元應元）年建立的小寺院，後來由一休宗純加以重建，是臨濟宗大德寺派的總本山。境內林立著20座以上的塔頭。

☎不公開 MAP 附錄P9B3 京都市北区紫野大徳寺町53 市巴士站千本北大路搭市巴士205系統3分，大德寺前下車，步行即到 ¥自由散步 9:00～16:30（會依公開塔頭而異。只有搭乘京阪巴士京都定期觀光巴士的人才能參觀本坊、方丈庭園） 休無休 P25輛（收費）

上層安放著釋迦三尊像的山門塗著朱漆，相傳為千利休修建

北野天滿宮 きたのてんまんぐう
神社

全國供奉著學問之神——菅原道真公的天滿宮總本山，也是賞梅的勝地。桃山時代建造的三光門，採軒唐破風與千鳥破風的兩層構造。

☎075-461-0005 MAP 附錄P9A4 京都市上京区馬喰町 市巴士站北野白梅町步行3分 ¥自由參拜（寶物殿300日圓，梅苑、紅葉苑另計） 5:00～18:00（冬天為5:50～17:30）※祈禱、販賣護身符、寶物殿皆不同 休無休 P200輛（每月25日不得使用）

天神使者的牛供奉在境內的各個角落裡

平野神社 ひらのじんじゃ
神社

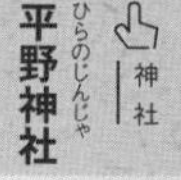

平安遷都之際，從奈良遷過來的古老神社，種了大約60種、400棵的櫻花樹，是京都數一數二的賞花勝地。由櫻保存會保護的櫻花，從早開種到晚開種，花季長達1個月左右。

☎075-461-4450 MAP 附錄P16C2 京都市北区平野宮本町1 市巴士站北野白梅町搭市巴士205系統1分，衣笠校前下車，步行3分 ¥免費參拜 6:00～17:00（御守為9:00～，櫻花季為～21時） 休無休 P20輛（祭禮日、4月10日不得使用）

過去是連貴族也會來賞花的地點。其中也有秋天才開花的櫻花

法金剛院 ほうこんごういん
寺廟

平安初期的右大臣——清原夏野的山莊在他去世後改建成佛寺。佔地約腹地一半的池泉回遊式庭園，四季皆盛開著美麗的花卉，是國家級特別名勝。境內因為收集了世界各地的蓮花，故又稱「蓮寺」。

☎075-461-9428 MAP 附錄P16A4 右京区花園扇野町49 JR花園站步行5分 ¥參拜500日圓 9:00～16:00（2016年7月10～31日為7:00～15:30） 休無休 P25輛

青女瀑布號稱是日本最古老的人工瀑布。巨岩組成的石塊撼動人心

AREA

嵐山、嵯峨野

ARASHIYAMA SAGANO

STANDARD SPOT CATALOG

野宮神社 ののみやじんじゃ　神社

《源氏物語》的賢木之卷也描寫過的古老神社。除了相傳只要撫摸，一年以內的願望都可以實現的巨大龜石以外，在祭神的野宮大神（天照皇大神）加持下，也是極受歡迎的祈求姻緣及生子、安胎等等的能量景點。

☎075-871-1972 MAP 附錄P18B3 京都市右京區嵯峨野宮町1 嵐電嵐山站步行5分 ¥免費參拜 社務所為9:00～17:00 休無休 P無

沒有把麻櫟的樹皮剝下來直接使用的黑木鳥居是日本最古老的鳥居樣式

落柿舍 らくししゃ　觀光

俳句詩人松尾芭蕉的高徒──向井去來安享晚年的地方。掛著蓑衣及斗笠的茅草庵實在是太有風情了。由於設有投句箱，試著將旅行的回憶吟詠成詩句也很有趣。

☎075-881-1953 MAP 附錄P18A2 京都市右京區嵯峨小倉山緋明神町20 市巴士站嵐山天龍寺前搭11系統2分，嵯峨小學校前下車，步行10分 ¥參觀250日圓 9:00～17:00（1·2月為10:00～16:00） 休無休 P無

庭內豎立著去來及芭蕉等人的句碑，生長著形成季語的100種以上草木

常寂光寺 じょうじゃっこうじ　寺廟

據說座落在參與編纂《百人一首》的藤原定家的別墅──時雨亭的所在地上。位於境內的小倉山是從平安時代保留至今的賞楓名勝，在定家的詩歌裡也曾吟詠過。

☎075-861-0435 MAP 附錄P18A2 京都市右京區嵯峨小倉山小倉町3 市巴士站嵐山天龍寺前搭11系統2分，嵯峨小學校前下車，步行7分 ¥參拜400日圓 9:00～17:00 休無休 P5輛

從石階的參道上回頭張望，楓葉與仁王門的景色美不勝收

二尊院 にそんいん　寺廟

本堂裡安置著釋迦如來立像及阿彌陀如來立像等兩尊神像。又名「紅葉馬場」的斜坡參道美不勝收。※2016年9月以前，因為本堂施工，不可參拜本堂、本尊。

☎075-861-0687 MAP 附錄P18A2 京都市右京區嵯峨二尊院門前長神町27 市巴士站嵐山天龍寺前搭11系統2分，嵯峨小學校前下車，步行12分 ¥參拜500日圓 9:00～16:30 休無休 P10輛

迎接著參拜者的氣派總門，是把伏見城的藥醫門移建過來的，所以很有看頭

AREA

嵐山、嵯峨野

ARASHIYAMA SAGANO

STANDARD SPOT CATALOG

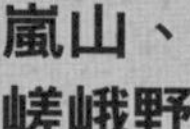

清涼寺（せいりょうじ）

寺廟

當地人暱稱為「嵯峨的釋迦堂大人」的古剎。安置在本堂的本尊——釋迦如來立像呈現出釋迦生前的模樣，是很珍貴的佛像。4、5、10、11月及每月8日（只有8日11時～）對外開放。

☎075-861-0343 MAP 附錄P18B2
京都市右京区嵯峨釈迦堂藤ノ木町46 市巴士站嵐山天龍寺前搭28系統6分，嵯峨釈迦堂前下車，步行即到 ¥自由參觀（本堂參拜400日圓）9:00～16:00 休無休 P50輛

高達18公尺的仁王門十分富麗堂皇，從筆直延伸的正面參道可以看得很清楚

祇王寺（ぎおうじ）

寺廟

相傳是失去平清盛寵愛的白拍子——祇王出家隱居的佛寺，《平家物語》裡也記錄著這段故事。境內有一大片覆蓋著綠油油美麗青苔的庭園。

☎075-861-3574 MAP 附錄P18A2
京都市右京区嵯峨鳥居本小坂町32 市巴士站嵐山天龍寺前搭11系統2分，嵯峨小學校前下車，步行18分 ¥參拜300日圓 9:00～16:30最後受理 休1月1日

祇王們的墓一寶篋印塔（左）和平清盛的供養塔（右）緊緊相依

化野念佛寺（あだしのねんぶつじ）

寺廟

相傳為了弔慰過去流行過風葬的化野一帶的亡靈，由弘法大師建立的佛寺。後來成為法然上人的念佛道場。以十三重塔為中心，豎立著大約8000座石佛及石像。

☎075-861-2221 MAP 附錄P2A3
京都市右京区嵯峨鳥居本化野町17 京都巴士站京福嵐山站前搭94系統12分，鳥居本下車，步行4分 ¥參拜500日圓 9:00～16:30最後受理（依季節而異）休不定休 P無

每年8月23、24日會舉行用蠟燭來供養石佛的千燈供養

舊嵯峨御所 大覺寺（きゅうさがごしょ だいかくじ）

寺廟

起源自876（貞觀18）年，將嵯峨天皇的離宮改建成佛寺。後宇多天皇等人執行院政，歷代門主及皇族也執行過公務的佛寺，堂內為讓人聯想到宮廷的典雅造景。連結宸殿及御影堂的村雨走廊以呈直角轉彎的構造為特色。

☎075-871-0071 MAP 附錄P18C1
京都市右京区嵯峨大沢町4 市巴士站大覚寺即到 ¥參拜500日圓 9:00～16:30最後受理 休無休 P有

御影堂裡供奉著嵯峨天皇及後宇多天皇等與佛寺有所淵源的人物像

AREA

其他、郊外

OTHER AREA

STANDARD SPOT CATALOG

上賀茂神社（賀茂別雷神社）

かみがもじんじゃ（かもわけいかづちじんじゃ）

神社｜上賀茂

很久很久以前，神降臨在現在的社殿後面的神山上，在白鳳6年興建了社殿，是京都首屈一指的古老神社。祭神的賀茂別雷大神擁有能夠控制大自然的力量，亦即消災解厄的強大力量。

☎075-781-0011 MAP 附錄P9C1
京都市北區上賀茂本町339 市巴士站上賀茂神社前即到 免費參拜（本殿、權殿特別參拜500日圓） 8:00～17:00（11～3月為8:30～） 休無休 P170輛（收費）

《百人一首》裡也歌詠過的小河流經樓門旁

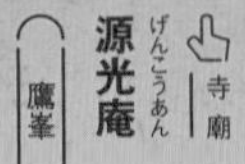

源光庵

げんこうあん

寺廟｜鷹峯

表現出禪的精神的本堂2扇窗戶非常有名。稱之為頓悟之窗的圓形窗代表頓悟的境界及大宇宙，稱之為迷惘之窗的方形窗代表人世的苦惱。隔著窗戶欣賞的楓紅也很美。

☎075-492-1858 MAP 附錄P2B2 京都市北區鷹峯北鷹峯町47 市巴士站千本北大路搭6系統4分，鷹峯源光庵前下車，步行6分 參拜400日圓（11月為500日圓） 9:00～17:00 休偶有不可參拜日 P15輛（楓葉季不得使用）

現在是曹洞宗的佛寺。也別錯過將伏見城的殘留構造搬過來的本堂血天井

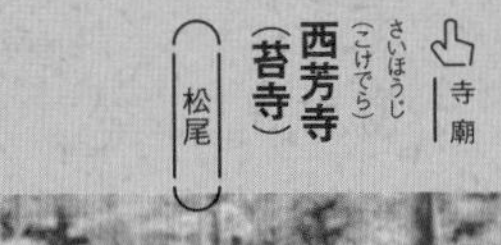

西芳寺（苔寺）

さいほうじ（こけでら）

寺廟｜松尾

1339（曆應2）年由夢窗疏石復興的佛寺。一整片覆蓋著苔蘚的池泉回遊式庭園，是非常有名的造園家夢窗疏石的傑作。規定在參觀庭園以前，必須先參加讀經等活動。

☎075-391-3631 MAP 附錄P3A4
京都市西京區松尾神ヶ谷町56 京都巴士站苔寺・すず虫寺即到 護持費3000日圓 必須用附回郵明信片最晚在1週前申請 休無休 P無

庭園由上層的枯山水與下層的池泉回遊式庭園構成

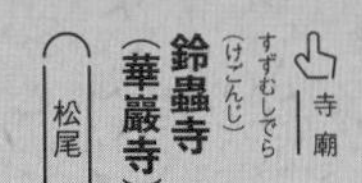

鈴蟲寺（華嚴寺）

すずむしでら（けごんじ）

寺廟｜松尾

1723（享保8）年由鳳潭上人開山的臨濟宗佛寺。一年四季都可以聽見鈴蟲悠揚的音色，因此以「鈴蟲寺」之名受到大家的喜愛。門前的幸福地藏穿著草鞋，聽說只會幫人實現一個願望。

☎075-381-3830 MAP 附錄P3A4
京都市西京區松室地家町31 京都巴士站苔寺・すず虫寺步行3分 參拜500日圓 9:00～16:30最後受理 休無休 P70輛

住持以淺顯易懂的方式講禪的「鈴蟲說法」大受歡迎

COLUMN

在佛寺體驗○○

京都有很多可以體驗僧侶們修行內容的佛寺。
以下為大家介紹肯定會留在記憶裡，稍微深入一點的佛寺玩法。

坐禪與瑜珈體驗
需時：約130分 費用：3000日圓
舉辦日：日期需洽詢（最晚至前一天打電話預約）
利用在坐禪前進行的瑜珈調整呼吸與心情，瑜珈是由專業教練指導。

1 活動身體以後，讓心情平靜下來，再開始坐禪 2 邊坐禪邊欣賞庭園的景色

祇園、河原町

りょうそくいん
兩足院

靜與動創造出身體的律動
在佛寺裡進行特殊的瑜珈體驗

在通常不對外開放的建仁寺（→P125）塔頭，會舉辦預約制的坐禪及修行體驗。將瑜珈與坐禪結合在一起的體驗，顛覆了佛寺的形象，是一種嶄新的嘗試。指定為京都府名勝的池泉回遊式庭園盛開著三白草，是很有名的庭園。

☎075-561-3216 MAP附錄P15B2
京都市東山区大和大路通四条下ル4丁目小松町591 市巴士站祇園步行7分
通常不對外開放 P無

金閣寺周邊

とうりんいん
東林院

以禪心入菜的素食料理
與庭園美景共享大地的風味

以由住持西川先生一手包辦的素食烹飪教室掀起話題的妙心寺（→P130）塔頭。將食材運用到淋漓盡致，沒有任何浪費等等，透過做菜來學習禪道精神。舉辦活動的時候會對外開放，例如6月的「沙羅花同好會」。

☎075-463-1334 MAP附錄P16B4
京都市右京区花園妙心寺町59
JR花園站步行6分
通常不對外開放 P20輛

素食烹飪教室
需時：約3小時
費用：5000日圓（含材料費、講義費）
舉辦日：週二、五的10：00～13：00（電話確認後，利用附回郵明信片報名）

每個月的菜單有3道，煮好以後，與其他參加者一面欣賞庭園美景一面享用素食餐點。

1 幾乎所有使用的蔬菜都是在佛寺的田裡栽培的 2 烹飪前，住持會先說明禪心與烹調步驟

醍醐

ずいしんいん
隨心院

在與小野小町有淵源的佛寺裡抄經

991（正曆2）年建立的真言宗佛寺。據說是小野小町的故居遺跡，境內有化妝水井及文塚等等，有很多與小野小町有淵源的歷史遺跡。抄經、臨摩佛像也可以不用事先預約，但是有些日子不舉行這類活動，所以還是建議事先確認一下。

抄經、臨摩佛像
需時：90～180分
費用：2000日圓（含參拜費）
舉辦日：每天9:00～14:00（需事先確認）
可以從臨摩各式各樣的佛像或抄經中任選其一來進行。

☎075-571-0025
MAP 附錄P3D5
京都市山科区小野御霊町35
JR京都站搭琵琶湖線6分，在山科站轉乘地下鐵東西線6分，小野站下車，步行5分 ¥參拜500日圓 9:00～16:30 休無休(偶有暫停參拜日) P30輛

完成品也可以請院方祈禱以後再寄送到府。不妨當成護身符，隨身攜帶

嵐山、嵯峨野

ろくおういん
鹿王院

盡情享受宛如變成僧尼的氣氛

為足利義滿建立的寶幢寺開山塔。從以回廊相連的諸堂看出去的枯山水庭園美不勝收，秋天同時也是賞楓勝地。僅限女性下榻的宿坊很受歡迎，可以得到只有在寺廟才有的體驗，例如早上的作業及素菜。

住宿體驗
門禁：19:30
費用：1泊附早餐4500日圓
舉辦日：日期需洽詢（需預約）
可以讓2～3人的小團體在4坪大的和室裡過夜。讓心靈平靜下來的晨間坐禪會也大受好評。

☎075-861-1645
MAP 付錄P2A3
京都市右京区嵯峨北堀町24
JR嵯峨嵐山站步行5分
¥參拜400日圓 9:00～17:00
休無休 P4輛

住在屋子裡有壁龕，氣氛莊嚴的房間裡。眺望外頭一望無際的庭園也讓人放鬆

京都站周邊

びしゃもんどう しょうりんじ
毘沙門堂 勝林寺

臨摩佛像 藝術修行

東福寺（→P34）的塔頭佛寺。除了一年兩次，只有正月及秋天才會對外公開的本尊一秘佛毘沙天門像以外，圖案會隨季節而異的御朱印也很有名。坐禪及抄經、臨摩佛像等等，會舉辦各式各樣連初學者也能輕鬆參與的體驗。

臨摩佛像體驗
需時：30～120分
費用：1500日圓（適合初體驗）
※附抹茶、點心
舉辦日：請上官網確認
（需打電話或上網預約）
因為只要臨摩底稿的佛像即可，即使不擅繪畫的人也沒問題。可以從8種佛像中任選。

☎075-561-4311
MAP 附錄P4E2
京都市東山区本町15-795
JR東福寺站步行8分
¥休自由參觀※特別參拜時600日圓 P無

藉由集中精神，心無旁騖地臨摩佛像，聽說還可以消除壓力

mytrip +more!

更多想去的地方・想做的事情

如果時間允許，務必加入行程安排的
區域、景點介紹，在此一併附上。

旅行一點靈

大原 おおはら

從京都站搭巴士約1小時左右。地下鐵加巴士的話約50分。三千院等觀光景點都集中在從大原巴士站步行10～20分鐘的範圍內。

宇治 うじ

從京都站搭快車約17分。宇治川周邊分布著平等院等觀光景點。各觀光景點間都是可以邊賞玩風景邊走到的距離。

貴船 きぶね

從京都站搭巴士加電車約1小時。林立著料理旅館的「京都後花園」。夏天的川床也很有名。

伏見 ふしみ

從京都站搭近鐵京都線約10分到桃山御陵前站，倘若搭乘JR加京阪約25分抵中書島站。邊欣賞白牆的酒窖鱗次櫛比的景觀，享受散步的樂趣。

詳細交通資訊請見 → P152

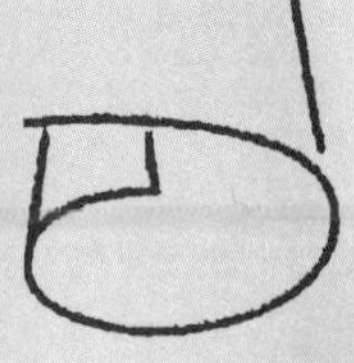

去山間村落大原
尋訪庭園很美麗的佛寺

大原有一整片閑靜優美的田園風景，集中在此地的佛寺都有令人心情平靜的庭園。
不妨一面欣賞會隨季節改變顏色的樹木及長滿苔蘚的庭園，悠悠閒閒地度過。

COMMENTED BY 新家康規 EDITOR

往生極樂院座落在三千院的有清園，安置著金黃璀璨的阿彌陀三尊坐像

おおはら
大原

是這樣的地方

閑靜的佛寺庭園及令人懷念的日本原生風景

順著高野川向上游走，往京都市的東北方前進，過去曾經是連結京都與若狹灣的街道中繼站，因此繁榮一時的山間村落便映入眼簾。在因為靠近比叡山延曆寺，因此有很多天台宗佛寺的大原，建議去每一座皆匠心獨運的庭園走走看看。包括用採集自當地的紫蘇做成的醬菜，販賣果醬及沙拉醬的伴手禮店、可以享用午餐或甜點的餐飲店也鱗次櫛比。

☎075-744-2148（大原觀光保勝會） MAP 附錄P20上
JR京都站搭京都巴士17系統1小時5分，大原下車

1

2

3

1-3 從巴士站往寂光院的方向走，就會看到一整片農田及民宅在群山簇擁下的優美風景 2 三千院的門前長滿了楓樹

さんぜんいん

三千院

在杉苔與樹林美不勝收的庭園裡散步

一切始於最澄在比叡山結的草庵。作家井上靖盛讚為「東洋珠寶盒」的有清園，覆蓋著宛如綠色地毯般的杉苔。高聳入雲的杉木及檜木的魄力令人嘆為觀止，任誰都會停下腳步來看到出神。春天綻放著石楠花，秋天滿園被楓葉染成一片紅的風景超有看頭。時光寂靜地流過，讓人忘了置身市區的喧擾。

1 坐在客殿的和式座位及外廊上看出去的聚碧園 2 石雕家杉村孝氏親手打造的童地藏趴在苔蘚裡，露出可愛的笑容

☎075-744-2531 MAP 附錄P20C1
京都市左京区大原来迎院町540 京都巴士站大原步行10分 ¥參拜700日圓 9:00～17:30(最後受理為17:00，依季節而異) 休無休 P無

じっこういん

實光院

為了將天台聲明流傳給後世而建立的勝林院子院。在位於客殿南方的池泉鑑賞式庭園—契心園裡，四季不同的花草美不勝收。其中又以從秋天開到春天的不斷櫻具有一看的價值。

☎075-744-2537
MAP 附錄P20C1
京都市左京区大原勝林院町187 京都巴士站大原步行12分 ¥參拜700日圓(附抹茶及和菓子) 9:00～16:30(結束受理，12～2月為16:00) 休無休 P無

1 可以邊喝抹茶邊在客殿裡欣賞庭園 2 與秋天的楓紅同時映入眼簾的不斷櫻的花瓣很嬌小

ほうせんいん

寶泉院

向背後的群山借景的盤桓園，柱子及門框、門檻形同畫框，看起來就像繪畫一樣，所以又稱為「裱框庭園」。仿造近江富士的五葉松也很有張力。

1 庭園名稱的盤桓是指「留連不去」的意思 2 枝繁葉茂的五葉松，樹齡約700年

☎075-744-2409 MAP 附錄P20C1
京都市左京区大原勝林院町187 京都巴士站大原步行15分 ¥參拜800日圓(除春秋的點燈時期外皆附抹茶及和菓子) 9:00～17:00(最後受理為16:30) 休無休 P無

在產茶地宇治
品嘗美味無比的抹茶甜點

因為世界遺產平等院就在這裡而出名的宇治，自平安時代起就是非常有名的產茶地。
琳瑯滿目的抹茶甜點，全都美味到讓人想特地去吃。

COMMENTED BY 藤本りお EDITOR

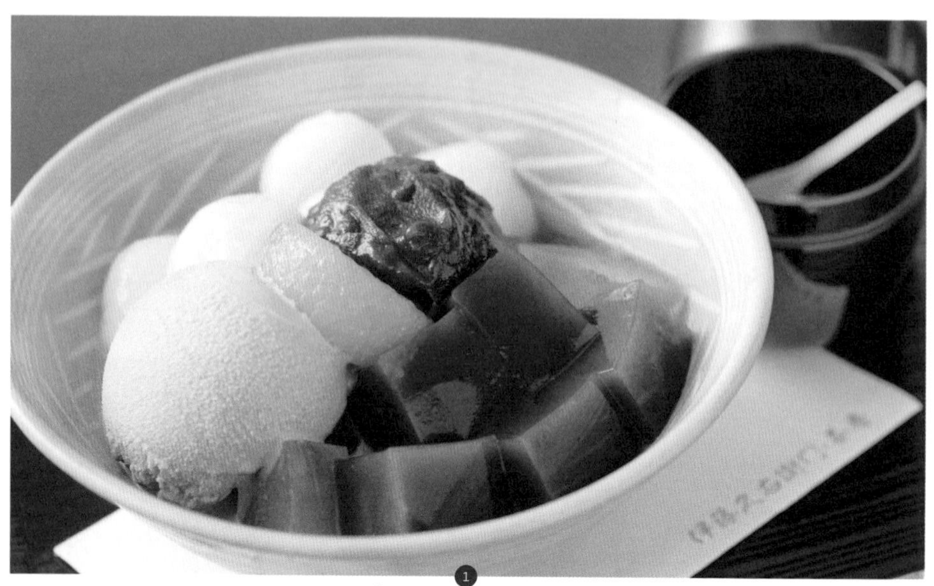

1

うじ
宇治

是這樣的地方

傳承著平安時代的優雅文化 世界遺產與產茶小鎮

這個地區有兩個世界遺產，分別是將平安文化的美好流傳至今的平等院和承襲著古色古香的建築風格的宇治上神社。通往平等院的參道上林立著販賣抹茶及玉露等高級宇治茶的老字號茶舖，瀰漫著香氣四溢的茶香味。同時也是《源氏物語》宇治十帖的舞台，讓人的思緒回到平安時代，也可以在流經市中心的宇治川沿岸散步。

☎0774-23-3334(宇治市觀光協會)
MAP 附錄P21下
JR京都站搭奈良線17分，宇治站下車，或者是從京阪祇園四条站搭本線、宇治線30分，宇治站下車

いとうきゅうえもんほんてん·さぼう
伊藤久右衛門本店·茶房

搭配頂極的甜點 品嘗茶本來的美味

製茶的歷史長達約180年的老字號本店。請務必在附設的茶房裡享用可以感受到濃郁的抹茶蜜、抹茶本來的淡淡苦澀的抹茶凍或將白玉的風味烘托出來的餡蜜。除此之外也提供聖代或紅豆湯、蕎麥麵等等。

1 伊藤久右衛門本店·茶房的宇治抹茶餡蜜680日圓 2 店內也有可以試喝宇治茶的空間

☎0774-23-3955 MAP 附錄P21B3
宇治市莵道荒槙19-3 京阪宇治站步行5分 10:00～18:30 休無休 席62 P40輛

ふくじゅえんうじちゃこうぼう

福寿園宇治茶工房

由1790（寛政2）年創業的茶舗一手打造。自製的麻糬加上細火慢燉熬煮而成的大顆丹波產大納言紅豆，最後再淋上香傳十里的抹茶製成的善哉大受好評，可以在濃郁的香氣圍繞下，好好地鬆口氣。也能在工房裡體驗製茶。

☎0774-20-1100
MAP 附錄P21B4
宇治市宇治山田10 京阪宇治站步行8分 10:00～17:00 休週一（逢假日則翌日休） 席38 P8輛

1 茶葉在1樓販賣。2樓是茶寮及工房、茶室 2 抹茶善哉864日圓

なかむらとうきちほんてん

中村藤吉本店

在由創業160年以上的茶商所經營的咖啡廳裡享用「生茶凍」，抹茶的美味都滿滿的濃縮在茶凍裡。會配合季節進行調整，務求一年四季都能提供相同的風味。用來表現出清涼感的竹製器皿只有本店才有。

☎0774-22-7800
MAP 附錄P21A4
宇治市宇治壱番10
JR宇治站即到 11:00～17:30（門市為10:00～） 休無休
席58 P15輛

1 建築物在明治時代以前都被當成製茶工廠使用 2 生茶凍740日圓

つうえん

通圓

平安時代末期的1160（永曆元）年興建於宇治橋橋墩的草庵是其起源的茶屋。可以一面遙想古代的旅人們，一面享用紅豆餡及栗子的甘甜為抹茶蜜及抹茶冰淇淋的風味製造出畫龍點睛之妙的聖代。

☎0774-21-2243 MAP 附錄P21B4
宇治市宇治東內1 京阪宇治站即到 10:00～17:30 休無休
席32 P2輛

1 抹茶聖代850日圓 2 從落地窗可遠眺宇治川的茶房

2個世界遺產

既然都來到宇治了，
務必順道前往被指定為
世界遺產的社寺。
兩者都位於從JR、
京阪宇治站步行可達的範圍內。

びょうどういん

平等院

→P36

うじかみじんじゃ

宇治上神社

平等院建立之後，身為鎮守社，受到崇敬的古老神社。拜殿還保留著明顯的寢殿造型特徵，與被視為是日本現有最古老神社建築的本殿皆指定為國寶。

☎0774-21-4634 MAP 附錄P21B4
宇治市宇治山田59 JR宇治站步行17分 ¥免費參拜 9:00～16:30 休無休 P無

在自然之鄉貴船
度過結緣&療癒的時光

充滿了不可思議的能量，是特別受女性喜愛的地區。在姻緣之神的貴船神社裡，誠心誠意地祈求能遇到命定的人。也切勿錯過夏天的「川床」。

COMMENTED BY 岩朝奈奈惠 EDITOR

1 貴船神社的本宮有一整排紅色的燈籠 2 供奉著掌管姻緣的神明—磐長姬命的結社 3 沾上神水就會浮現出文字的水籤200日圓

きふねじんじゃ

貴船神社

祈求姻緣
請依序參拜本宮、奧宮、結社

因為讓平安時代的和歌詞人——和泉式部夫婦破鏡重圓，因此受到能保佑永結同心的信仰，包括《御伽草子》在內，是許多作品的舞台。將寫下心願的「結び文」綁在結社上，就能心想事成，所以不止戀愛，也有很多人來參拜的目的是為了祈求求職或升學順利。此外，也是很有名的保護京都水源的神明。

☎075-741-2016 MAP 附錄P19A1
京都市左京區鞍馬貴船町180 京都巴士站貴船步行5分 ¥免費參拜 9:00～16:30(有時候會延長) 休無休 P25輛

是這樣的地方

きぶね

貴船

夏有川床、秋有楓紅
大自然豐沛的京都避暑勝地

貴船是受貴船山與鞍馬山包圍的溪谷，比市區低10度，十分涼爽，是可以輕鬆前往的避暑勝地，因此自古以來就受到人們青睞，是京都的後花園。5～9月，由林立於鴨川源流之一的貴船川沿岸的料理旅館所設置的「川床」很有名。此外，秋天還可以欣賞到將溪谷染成鮮紅的楓葉。

貴船神社結社一帶。旁邊就有貴船川的清流流過

☎075-741-4444(貴船觀光會) MAP 附錄P19
叡山電車出町柳站搭鞍馬線至貴船口站27分，轉乘京都巴士33系統5分，貴船下車

きふねくらぶ
貴船倶楽部

料理旅館—貴船右源太一手打造的咖啡廳，以放上大量白玉及冰淇淋的特製抹茶聖代等抹茶甜點為賣點。

☎075-741-3039
MAP 附錄P19A1
京都市左京区鞍馬貴船町74 京都巴士站貴船步行10分 11:30～17:00（夏天、點燈時期為～20:00） 休不定休（夏天無休） 席44 P無

1 特製抹茶聖代1200日圓

とりいぢゃや
鳥居茶屋

夏天有香魚及鰻魚，冬天有湯豆腐及豬肉火鍋等等，每個季節都可以吃到貴船的美食。招牌菜香魚茶泡飯的山椒香氣令人胃口大開。

☎075-741-2231
MAP 附錄P19A1
京都市左京区鞍馬貴船町49 京都巴士站貴船步行5分 11:00～18:00 休週二（逢假日則營業，6～8、11月無休）
席30 P4輛

1 香魚茶泡飯1550日圓

夏天在川床上納涼

川床是京都夏天的風情畫。將甲板架設在河流的正上方，所以十分涼爽。
邊聽著河流的潺湲水聲，邊享用鹽烤香魚及流水麵線等風味清爽的美食。

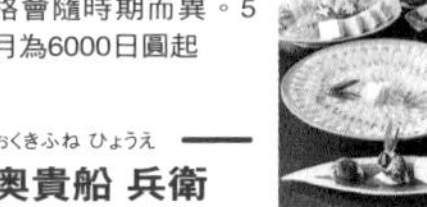

1 從貴船神社後面的院子走到這家店約5分鐘 2 川床料理的價格會隨時期而異。5月為6000日圓起

おくきふね ひょうえ
奥貴船 兵衛

在可以品嘗到川魚及山菜、火鍋等料理旅館裡，不妨奢侈一下，點一道用海鰻的骨頭熬湯的海鰻涮涮鍋來吃。

☎075-741-3066 MAP 附錄P19A1
京都市左京区鞍馬貴船町101 京都巴士站貴船步行12分 11:00～14:00LO、17:00～18:00（入座） 休不定休（夏天無休） 席100 P有（預約制）

ひろぶん
ひろ文

在川床的季節登場的流水麵線不能預訂，一定要排隊。與眼前的瀑布及流經川床下方的潺潺流水聲一起享用。

☎075-741-2955 MAP 附錄P19A1
京都市左京区鞍馬貴船町87 京都巴士站貴船步行10分 11:00～16:00 休不定休（下雨暫停） 席10
P無

1 流水麵線1300日圓

1 5～9月會把座位設置在河面上
2 川床料理15000日圓

きょう きぶねひろや
京·貴船ひろや

為蓋在貴船川河岸上的料理旅館，原本是陣屋，負責在皇室打獵時在前面開路，具有正統的歷史。用鹽在漆器上描繪出河面，再把香魚放上去，看起來就像香魚在河裡游的石庭盛非常有名。

☎075-741-2401 MAP 附錄P19A1
京都市左京区鞍馬貴船町56 京都巴士站貴船步行10分
11:00～19:00LO 休不定休（夏天無休） 席60 P15輛

在伏見的酒窖
晉身為日本酒女孩

會湧出好水的伏見，大約從400年前就是從事釀酒業的酒鄉。
想不想沉醉在酒窖直營的日本酒酒吧及由酒窖改建的居酒屋裡呢？

COMMENTED BY 白木麻紀子 EDITOR

風情萬種的酒窖在街道上鱗次櫛比。在微醺的感覺下漫無目的地散步也很快樂

是這樣的地方

ふしみ
伏見

瀰漫著淡淡的甘甜香氣
讓人感覺到歷史的酒鄉

從京都通往大阪或奈良的街道會經過伏見，又有很多條河流經過，因此水陸皆為交通要衝，自此發跡。鱗次櫛比的酒窖，十石舟來來去去的風景讓人彷彿回到江戶時代。這裡釀造的日本酒口感溫和，味道比較甘甜，故又稱「女酒」。

☎075-622-8758(伏見觀光協會) MAP 附錄P21上
近鐵京都站搭京都線10分，桃山御陵前下車，或者是從京阪祇園四条站搭本線12～13分，中書島站、伏見桃山站下車

1 春天到秋天行駛著十石船，春天和秋天還有三十石船
2 月の蔵人網羅了月桂冠的酒。品酒套餐734日圓

つきのくらびと
月の蔵人

在屋齡100年的酒藏改建而成的居酒屋裡，月桂冠的日本酒一字排開，聲勢浩大。從最常見的牌子到該店限定的唯一一瓶，數量多達20種以上。招牌菜竹簍豆腐是店內的工房於11時和13時製作，1天只有2次，可以品嘗到剛做好的滋味。

☎075-623-4630 MAP 附錄P21B1 ☗京都市伏見区上油掛町185-1 ‼京阪伏見桃山站步行6分 ⏲11:00～23:00 休無休 席178 P10輛

1 充分感受到酒窖的寬敞 2 店內限定的吟釀酒一月の穂香821日圓，搭配竹簍豆腐518日圓一起享用

さかぐらバー えん
酒蔵BAR えん

由只精釀純米酒的藤岡酒造開的日本酒酒吧。使用酒窖大樑做成吧檯，或將酒袋廢物利用做成座墊等等，是酒窖才有的創意巧思。由於是以試喝為主，營業時間配合販賣部到18時為止，建議在午餐後或晚餐前前往。就著精挑細選，可以將酒的風味突顯出來的下酒菜，一杯接一杯。

☎075-611-4666 MAP 附錄P21B1 ☗京都市伏見区今町672-1 ‼近鐵桃山御陵前站、京阪伏見桃山站步行5分 ⏲11:30～18:00 休週三(逢假日則營業) 席10 P無

1 美酒一蒼空1杯453日圓起。可以跟賣得最好的山海朧豆腐529日圓一起吃。平日可以評比3種酒的套餐927日圓也很受歡迎 2 邊享用美酒邊欣賞放在酒窖中的釀酒桶

とりせい ほんてん
鳥せい 本店

1677（延寶5）年創業的山本本家所經營的雞料理店，假日排上好幾個小時是很自然的事。包括雞肉串燒在內的招牌雞肉料理及濃醇辛口的酒一神聖非常對味。店旁邊會湧出用來釀酒的白菊水，也有很多人來裝水回去。

☎075-622-5533 MAP 附錄P21B1 ☗京都市伏見区上油掛町186 ‼京阪伏見桃山站步行6分 ⏲11:30～23:00(週六、日、假日為11:00～) 休週一(12月及假日除外) 席250 P30輛

1 總共有17種的酒中最受歡迎的是直接從釀酒桶裡倒出來喝的 出し生原酒430日圓 2 六串烤雞拼盤850日圓以外，烤母雞830日圓及烤雞翅520日圓等等，雞肉料理的種類很豐富

會想順道前往的老字號酒窖

げっけいかんおおくらきねんかん
月桂冠大倉記念館

足以代表伏見的釀酒廠一月桂冠將明治時代的酒窖改建成展示設施，好讓人了解釀酒的過程。參觀後的品酒會也很令人期待。

☎075-623-2056 MAP 附錄P21B2 ☗京都市伏見区南浜町247 ‼京阪中書島站步行5分 ¥入館300日圓(附贈純米吟釀酒180毫升) ⏲9:30～16:30 休無休 P22輛

きたがわほんけ(おきなや)
北川本家(おきな屋)

1657（明曆3）年創業的釀酒廠開的特產直銷商店。包括最具代表性的富翁在內的日本酒都可以計量購買。

☎075-601-0783 MAP 附錄P21A1 ☗京都市伏見区村上町370-6 ‼京阪伏見桃山站步行15分 ⏲10:00～19:00 休週二(逢假日則營業) P無

提升旅行的滿意度♪
最近愈來愈多的設計師飯店

京都最近有愈來愈多經營理念及室內設計都各有巧妙不同的設計師飯店。
只要下榻在兼具時尚與個性的飯店裡，就能感覺整趟旅程彷彿又提升了一個檔次。

COMMENTED BY 後藤藍子 WRITER

祇園 河原町

むめ

Mume

非常講究的室內設計妝點出優雅的空間

融入了非常有情調的白川沿岸的風景中。飯店內到處都裝飾著京都老字號──唐長的唐紙，並且陳列著據說是由負責人從歐州及上海帶回來的古董家具。以花、蝶、風、月為設計主題的客房，每一間的風格都不一樣，也很精緻。

☎075-525-8787
MAP 附錄P12E3
京都市東山区新門前通梅本町261 市巴士站知恩院前步行即到 P無

1泊附早餐…23760日圓～
※2人住1間房時的1間房費用
IN/OUT…15:00/12:00 客房…7間

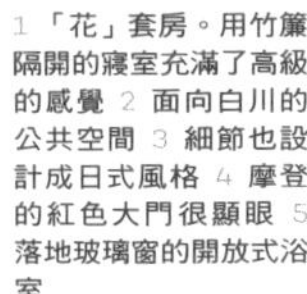

1「花」套房。用竹簾隔開的寢室充滿了高級的感覺 2 面向白川的公共空間 3 細節也設計成日式風格 4 摩登的紅色大門很顯眼 5 落地玻璃窗的開放式浴室

京都站周邊

ホテル アンテルーム 京都

HOTEL ANTEROOM KYOTO

透過將飯店與公寓的功能合為一體的嶄新風格，住宿客和居住者得以交流。沒有住宿也可以利用會舉行藝術展示的藝廊空間及餐廳酒吧。

☎075-681-5656 MAP 附錄P5C3
京都市南区東九条明田町7 地下鐵九条站步行8分
P無

露台雙床房……15000日圓～※2人住1間房時的1間房費用
IN／OUT…15:00／10:00
客房…61間

1 附設有吃早餐的餐廳 2 露台雙床房的裝潢簡單大方

二条城、京都御所周邊

ざ すくりーん

THE SCREEN

共有13間客房，由國內外13組設計師親手打造而成，有服裝設計師及日本畫家等等，可以從在各個領域大放異彩的創作者設計的客房中尋找自己中意的房型。

☎075-252-1113 MAP 附錄P6D2
京都市中京区下御霊前町640-1 地下鐵丸太町站步行8分 P無

半套房…3萬日圓～※2人住1間房時的1間房費用
IN／OUT…15:00／12:00
客房…13間

1 有12個房間都設置有附按摩浴缸的浴室 2 設計得簡單大方的Room401

京都站周邊

ホテル カンラ 京都

HOTEL KANRA KYOTO

利用走在流行尖端的設計來表現出京町家的風格，客房及門廳都很漂亮。每一間寬敞的客房裡設置有用香味迷人的檜木製成的浴缸，可以洗去一天的疲憊。

☎075-344-3815 MAP 附錄P5C1
京都市下京区烏丸通六条下る北町185 地下鐵五条站步行即到 P無

純住宿…25000日圓～(1個人的費用)
IN／OUT…15:00／11:00
客房…29間

1 大廳呈現出照射進町家的陽光 2 供2～5人使用的高檔房

GOOD TO SLEEP

價格可愛&安心的住宿指南

祇園、河原町　　商務旅館

ホテルマイステイズ京都四条

HOTEL MYSTAYS京都四條

特色在於摩登之中亦能感受到和風的沉靜安穩的裝潢，也很受到觀光客的喜愛。客房裡配置著舒適又具有高度安眠效果的日製法國床及日本料理餐廳、休閒沙龍等等，設備很齊全。

☎075-283-3939 MAP 附錄P7C4 京都市下京区四条通油小路東入ル傘鉾町52 地下鐵四条站步行6分 ¥單人房6500日圓～、雙床房7500日圓～ IN14:00／OUT11:00 P14台輛(1晚1600日圓，需事先預約)

祇園、河原町　　商務旅館

東横イン 京都四条烏丸

東橫INN 京都四條烏丸

座落在交通非常方便的四条烏丸上，便宜的價格很有魅力。大廳裡附有印表機的電腦室在收集旅行的資料時很方便。每到祇園祭的觀光旺季，從大廳就可以看到站在飯店前的長刀鉾。

☎075-212-1045 MAP 附錄P11A2 京都市下京区四条通烏丸東入ル長刀鉾町28 地下鐵四条站步行即到 ¥單人房6804日圓～、雙床房10584日圓～ IN16:00／OUT10:00 P13輛(1晚2000日圓)

祇園、河原町　　商務旅館

ホテルサンルート京都

京都燦路都大飯店

所有的房間都使用丹普製的枕頭及床墊、地下天然水等等，是一家務求住宿房客舒適度的飯店。在視野遼闊，可以看見東山連峰及鴨川的餐廳裡享用的京都小菜早餐等等，也可以充分地品嘗到京都的風味。

☎075-371-3711 MAP 附錄P11C3 京都市下京区河原町通松原下ル難波町406 阪急河原町站步行10分 ¥單人房15120日圓～、雙床房25920日圓～ IN14:00／OUT11:00 P無

祇園、河原町　　商務旅館

ダイワロイネットホテル 京都四条烏丸

Daiwa Roynet Hotel Kyoto-Shijokarasuma

充滿流行感的大廳及電腦環境也很舒適的客房，除了觀光客以外，也深受商務人士的支持。自助式的早餐包括種類豐富的手工製京都小菜在內，至少有30種以上。

☎075-342-1166 MAP 附錄P11A3 京都市下京区烏丸通仏光寺下ル大政所町678 地下鐵四条站步行即到 ¥單人房8300日圓～、雙床房14300日圓～ IN14:00／OUT11:00 P24台輛(1晚1500日圓，依照到達順序)

祇園、河原町　　片宿旅館

いなかてい

田舎亭

座落在風情萬種的石板小徑上的一隅，以只附早餐的「片宿」形式提供服務。從號稱屋齡100年以上的前料亭建築物及客房裡看出去的庭院也充滿了京都風情。所有的隔間都不一樣的5個房間也很有魅力。※不可刷卡

☎075-561-3059 MAP 附錄P14D2 京都市東山区祇園下河原石塀小路463 市巴士站祇園步行6分 ¥1泊附早餐9180日圓～(2人以上利用時的1人費用) IN17:00／OUT10:00 P無

京都站周邊　　都會型飯店

京都タワーホテル アネックス

京都塔樓酒店附樓

位於前往觀光景點的交通也很方便的京都站旁的飯店。單人房、雙床房自不待言，也有可以住進3～5人的和室，受到住宿客人廣大的支持。豐富的住宿客人優惠也很貼心，例如京都塔的大浴池～YUU～及瞭望室的折扣。

☎075-343-3111 MAP 附錄P5C1 京都市下京区新町通七条下ル 東塩小路町535-1 JR京都站步行3分 ¥單人房16000日圓～、雙床房26000日圓～ IN14:00／OUT11:00 P無

京都站周邊　　商務旅館

アパホテル〈京都駅前〉

APA酒店〈京都站前〉

京都站周邊的3間APA酒店集團中，離車站最近的飯店。以白色為基調的客房，洋溢著摩登&洗練的氣氛。頂樓11樓的高級客房採用了原創的床「Cloud Fit」。

☎075-365-4111 MAP 附錄P5C2 京都市下京区西洞院通塩小路下ル南不動堂町806 JR京都站步行4分 ¥單人房5500日圓～、雙床房8000日圓～ IN15:00／OUT11:00 P13輛(1晚1620日圓，依照到達順序)

若無特殊標記，1泊附早餐的費用為2人住1間房時的1人份費用。單人房、雙床房為2人住1間房時的1間房費用。

祇園、河原町　都會型飯店

ホテル グラン・エムズ京都

HOTEL GRAN Ms KYOTO

採用了京都出身的銅版畫家──舟田潤子氏的作品。色彩鮮艷的室內設計很有特色的設計師飯店。在以「設計與舒適度」為主題的客房裡，配置著席夢思製的床墊及高級的盥洗用品等等，給人洗練的印象。

兼具功能性及氣氛時尚的雙床房面積18平方公尺。簡單大方的裝潢與畫龍點睛的繪畫相互輝映

☎075-241-2000 MAP 附錄P13B1
京都市中京区河原町通三条上ル下丸屋町410-3 地下鐵京都市役所前站步行即到 ¥單人房9000日圓～、雙床房12000日圓～ IN15:00／OUT11:00 P無

祇園、河原町　片宿旅館

お宿 吉水

YOSHIMIZU INN

蓋在自然很豐沛的圓山公園後面，數寄屋造形的建築物令人印象深刻的片宿旅館。觀光景點幾乎都在附近，但四周圍卻籠罩著靜謐的氣氛。可以在玄關旁窗明几淨的咖啡廳裡，享用堅持只以無農藥的食材製成的西式早餐。

背景音樂是不時從窗外傳來的蟲鳴聲。使用了無垢木材的柱子等天然素材營造出獨特的溫度

☎075-551-3995 MAP 附錄P14F1
京都市東山区円山公園弁天堂上
市巴士站祇園步行15分 ¥1泊附早餐9200日圓～ IN15:00／OUT10:00 P無

二条城、京都御所周邊　片宿旅館

おやど ぬのや

小宿 布屋

由屋齡130年的町家改建而成，為1天只接2組客人的旅館，原封不動地保留著格子門及蟲籠窗等意匠風情。早餐很豐盛，有炊煮得粒粒分明的陶鍋飯及每天更換菜色的配菜。原本是飯店人的老闆及老闆娘提供令人賓至如歸的服務，很容易親近。

2樓的客房直接利用屋頂的傾斜，氣氛簡直就像自己家一樣。傳統的矮桌及土牆也很迷人

☎075-211-8109 MAP 附P7C2
京都市上京区油小路通丸太町上ル
市巴士站堀川丸太町步行3分 ¥1泊附早餐8000日圓 IN16:00／OUT10:00 P無 ※偶有不定休

二条城、京都御所周邊　都會型飯店

アーバンホテル京都二条プレミアム

Urban Hotel Kyoto Nijo Premium

在京都、滋賀展開的飯店集團「Urban Hotel」的新系列，散發出高級氣氛的飯店，於2015年10月29日盛大開幕。由活躍於京都的飯店設計師一奈良和貴氏設計，和風的客房裝潢蔚為話題。

客房的特色在於將光線與木頭巧妙地融合在一起的設計。上圖是以白色為基調，面積28平方公尺的高級雙床房

☎075-813-1177 MAP 附錄P7A2
京都市中京区聚楽廻南町25-5 地下鐵二条站步行5分 ¥雙人房7560日圓～、雙床房9720日圓～ IN15:00／OUT11:00 P無

ACCESS GUIDE

前往京都的方式

前往京都，以搭乘東海道新幹線或JR特急較方便。如欲搭乘飛機，則是從伊丹機場或關西機場前往大阪。各機場與京都站間，皆有電車及利木津巴士行駛。

各地前往京都的交通方式

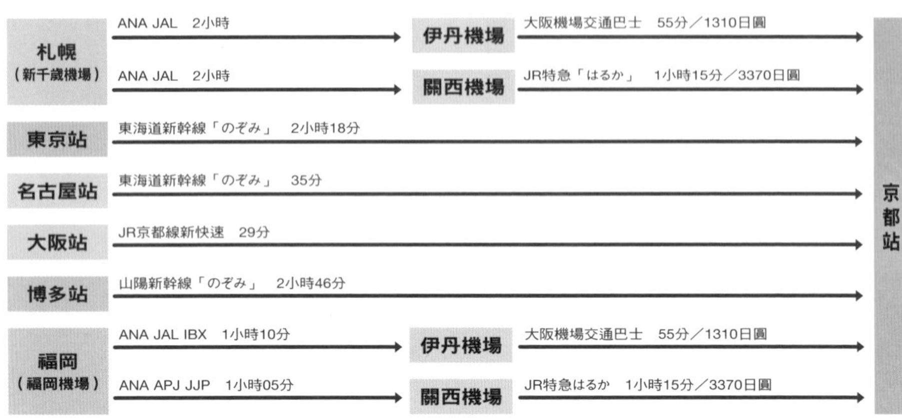

優惠方案

包括JTB在內，各大旅行社都有販賣只有來回交通的行程或加上住宿的套裝行程。交通工具及住宿設施的選擇也很多，請先在網路上收集資訊！

【不住宿】光是のぞみ來回車資就便宜6420日圓～8020日圓

不住宿1 day京都

東京出發19800日圓～21400日圓

●來回限定搭乘のぞみ、ひかり號●附可以在京都吃午飯或買東西等等的折扣券（相當於3000日圓）●1人即可申請●受理到前一天（網路受理至7天前）

【主辦】JR東海旅行社

【2天1夜～】有時候會比新幹線來回票還便宜

激旅行！京都

東京出發19800日圓～

●來回限定搭乘のぞみ、ひかり號●附京都市內飯店1晚住宿（不提供早餐）●依搭乘列車必須加收費用●1人即可申請●受理到出發當天

【主辦】JTB國內旅行企畫

搭こだま號單程比淡季便宜3500日圓

こだま號普通車對號座方案

淡季10100日圓 旺季11400日圓

●搭乘こだま號普通車對號座●附1杯飲料兌換券●1人即可申請●受理到前一天（網路受理至5天前）

【主辦】JR東海旅行社

【2天1夜】來回機加酒優惠方案

ANA Sky Holiday City Plan關西

23800日圓～

●來回搭乘ANA班機（伊丹起降）●附京都市內飯店1晚住宿（附早餐）●1人即可申請●受理到出發前8天

【主辦】ANA SALE

※加上住宿的方案是2人報名的1人份費用。（2015年12月時）

洽詢處

JR東海
（電話中心）
☎050-3772-3910

JR西日本
（客服中心）
☎0570-00-2486

JR東海ツアーズ
（東京分店）
☎03-3213-0151

ANA（全日空）
☎0570-029-222

JAL（日本航空）
☎0570-025-071

IBX
（IBEX航空）
☎022-716-6688

APJ（樂桃）
☎0570-200-489

JJP
（日本捷星）
☎0570-550-538

遊逛京都的方式

縱橫穿梭於市內的「市巴士」是觀光的基本。也可以搭乘以十字行駛於市中心的地下鐵。
不妨妥善地轉乘巴士與電車進行觀光。各種車票請參照P152。

路線巴士

是遊逛京都的重要交通工具。請妥善地利用「京都觀光一日乘車券（1200日圓）」。每逢觀光旺季，經常會因為路上塞車而導致無法按照時間表行駛，所以規畫行程的時候請預留充裕的時間。

市巴士（京都市交通局）

將京都市街道一網打盡，是京都觀光的基本。「京都觀光一日乘車券」可以搭乘所有路線，「市巴士、京都巴士一日乘車卡（500日圓）」則只能在市內230日圓統一車資區間內使用。

洛巴士

行駛於市巴士繞行的觀光名勝之間的急行巴士。持「京都觀光一日乘車券」及「市巴士、京都巴士一日乘車卡」皆可搭乘。

京都巴士

行駛於前往嵐山、大原、鞍馬方向的路線。持「京都觀光一日乘車券」或「市巴士、京都巴士一日乘車卡」皆可搭乘市內230日圓統一車資區間內加上指定區間內的車。

JR西日本巴士

行駛於從京都站開往高雄、栂尾方向的路線。北野～栂尾間可任意上下車的「高雄自由乘車券」從京都站出發800日圓。

電車

經由JR京都站開往南北向的市營地下鐵烏丸線的使用頻率比較高。請好好地利用持「京都觀光一日乘車券」可搭乘的兩條市營地下鐵路線。

市營地下鐵（京都市交通局）

分為南北貫穿市中心的烏丸線，和從京都西郊往東翻過一座山，連結山科、醍醐的東西線等兩條路線。這兩條線會在烏丸御池站交會。

JR嵯峨野線（山陰本線）

從京都站往嵐山方向很快，大力推薦。保津峽觀光的小火車從嵯峨嵐山站前發車。

嵐電（京福電鐵嵐山線）

以四条大宮、北野白梅町這兩站為起點，通往嵯峨野、嵐山方向的路面型電車。車資統一為210日圓，1日自由乘車券為500日圓，很便宜。

京阪電鐵本線、鴨東線

行駛於鴨川沿岸的地下。在終點出町柳站接上開往鞍馬、比叡山方向的叡山電鐵。

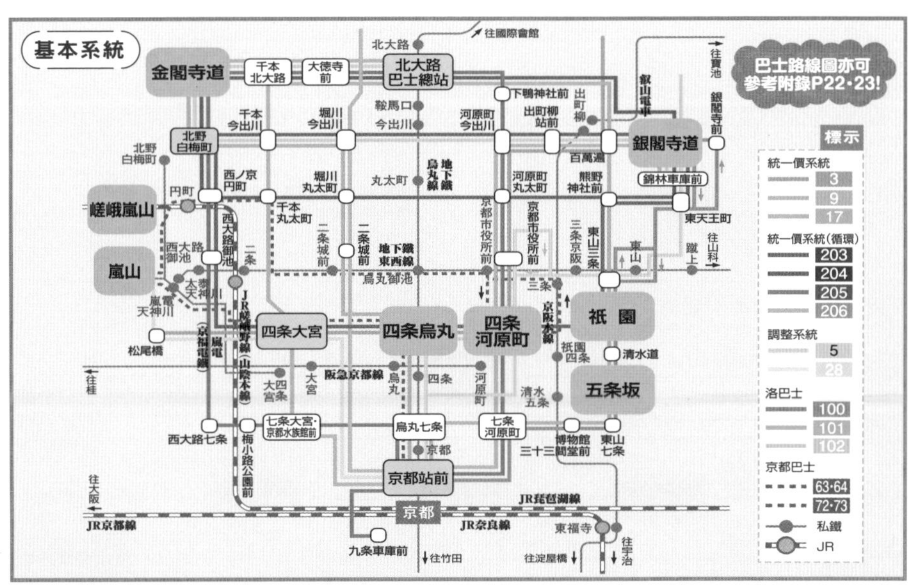

ACCESS GUIDE

巴士&電車的優惠車票

	車票名	2日關西周遊卡	市營地下鐵1日乘車券	市巴士、京都巴士一日乘車卡	京都觀光一日乘車券
	價格	4000日圓	600日圓	500日圓	1200日圓
可搭乘電車、巴士	地下鐵	○	○	×	○
	市巴士	○	×	△*1)	○
	京都巴士	○	×	△*1)	△*2)
	嵐電	○	×	×	×
	叡山電車	○	×	×	×
	京阪巴士	○	×	×	×
	在哪裡購買？	關西2府4縣及三重縣以外的旅行社等處【請注意，抵達京都以後就不能買了！！】	地下鐵各站窗口等處	京都站前巴士車票中心、巴士車上等等	京都站前巴士車票中心
	貼心小建議	連續2天內任意搭乘41家加盟公司、官方的電車、巴士。3日用為5200日圓	市營地下鐵全線1日自由上下車	市巴士、京都巴士的市內230日圓統一車資區間內1天任意搭乘京都觀光一日乘車券	2天用為2000日圓。用這一張就能前往主要觀光景點。山科、醍醐擴大版為1300日圓
	洽詢處	關西周遊卡協議會 ☎06-6258-3636	京都市交通局 市巴士、 地下鐵服務處 ☎ 075-863-5200		

△*1)＝只能使用於市內230日圓統一車資區間內　△*2)＝除市內230日圓統一車資區間內以外，也能在大原、岩倉方向的指定區間內上車

租自行車

可以避開觀光旺季時的塞車，鑽進車子開不進去的巷弄這點很有魅力。而且除了清水寺周邊等部分地區以外，幾乎都是平坦的街道，所以自行車很適合用來觀光。大部分的社寺都有停車場。

京都騎車旅遊計畫（KCTP）

京都站前及金閣寺、錦市場北、伏見、二条城、嵐山等地都有租借站，1天1000日圓起。也可以甲地借、乙地還（回收費另收400日圓）。必須用電話在前一天19時以前預約，或3天前上網預約。
☎075-354-3636 🕒9～19時（二条城、嵐山為～17時）
㊡依租借站而異※詳情請參照官網

計程車

京都有為數眾多的計程車行駛其中，車資起跳價為590～620日圓不等，跳表價則統一為80日圓。扣掉郊外，知名觀光景點皆有排班，便於利用。

從京都站

- ➡到四条河原町……………… 1100日圓/10分
- ➡到清水寺……………… 1260日圓/10分
- ➡到銀閣寺……………… 2540日圓/25分
- ➡到金閣寺……………… 2700日圓/25分
- ➡到嵐山……………… 3180日圓/30分

※搭乘中型車的標準，塞車時要花更多錢
※價格依公司而異，2015年12月時（資訊的提供日期）

京都前往郊外的交通方式

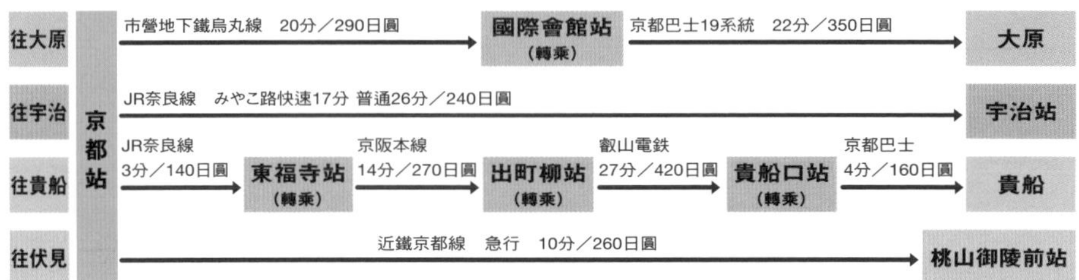

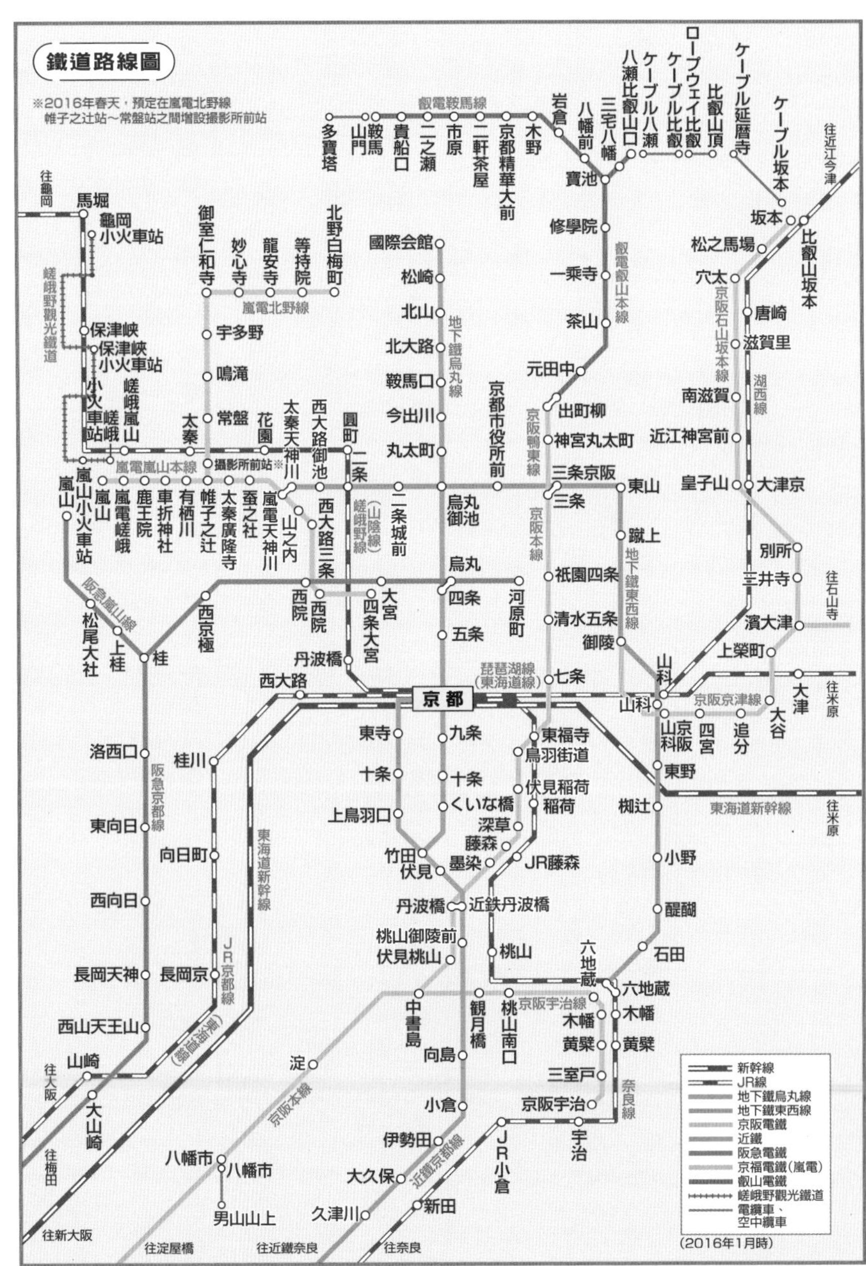
鐵道路線圖
※2016年春天，預定在嵐電北野線
帷子之辻站～常盤站之間增設攝影所前站
叡電鞍馬線
多寶塔
山門
鞍馬
貴船口
二之瀨
市原
二軒茶屋
京都精華大前
木野
岩倉
八幡前
三宅八幡
八瀨比叡山口
ケーブル八瀨
ロープウェイ比叡
ケーブル比叡
比叡山頂
ケーブル延暦寺
ケーブル坂本
往近江今津
寶池
修學院
叡電叡山本線
一乘寺
茶山
元田中
出町柳
坂本
比叡山坂本
松之馬場
穴太
京阪石山坂本線
唐崎
滋賀里
湖西線
南滋賀
近江神宮前
皇子山
大津京
別所
三井寺
往石山寺
濱大津
上榮町
往龜岡
馬堀
龜岡小火車站
嵯峨野觀光鐵道
保津峽
保津峽小火車站
小火車站
嵯峨嵐山
嵯峨
太秦
常盤
鳴滝
宇多野
御室仁和寺
妙心寺
龍安寺
等持院
北野白梅町
嵐電北野線
花園
太秦天神川
西大路御池
圓町
二条
嵯峨野線（山陰線）
嵐電嵐山本線
攝影所前站※
嵐山
嵐山小火車站
嵐電嵯峨
鹿王院
車折神社
有栖川
帷子之辻
太秦廣隆寺
蚕之社
嵐電天神川
山之内
西大路三条
二条城前
國際会館
松崎
北山
地下鐵烏丸線
北大路
鞍馬口
今出川
丸太町
京都市役所前
烏丸御池
京阪鴨東線
神宮丸太町
三条京阪
三条
東山
京阪本線
蹴上
地下鐵東西線
烏丸
四条
河原町
祇園四条
清水五条
御陵
五条
阪急嵐山線
松尾大社
上桂
桂
西京極
西院
大宮
四条大宮
丹波橋
西大路
琵琶湖線（東海道線）
京都
七条
山科
京阪京津線
京阪山科
四宮
追分
大谷
大津
往米原
東寺
九条
東福寺
鳥羽街道
東野
十条
伏見稻荷
稻荷
椥辻
東海道新幹線
上鳥羽口
くいな橋
深草
藤森
竹田
伏見
墨染
JR藤森
小野
丹波橋
近鉄丹波橋
醍醐
桃山御陵前
伏見桃山
桃山
石田
六地藏
中書島
觀月橋
桃山南口
京阪宇治線
木幡
黃檗
三室戶
京阪宇治
宇治
奈良線
JR小倉
向島
小倉
伊勢田
大久保
久津川
新田
近鐵京都線
洛西口
阪急京都線
東向日
西向日
長岡天神
西山天王山
桂川
向日町
長岡京
JR京都線
東海道新幹線
東海道線
山崎
大山崎
往大阪
往梅田
往新大阪
淀
京阪本線
八幡市
男山山上
往淀屋橋
往近鐵奈良
往奈良
新幹線
JR線
地下鐵烏丸線
地下鐵東西線
京阪電鐵
近鐵
阪急電鐵
京福電鐵（嵐電）
叡山電鐵
嵯峨野觀光鐵道
電纜車、空中纜車
（2016年1月時）

外文字母

日文假名

一劃～五劃

六劃～七劃

觀光景點 自然 體驗 散步 用餐

從名字搜尋

咖啡廳 購物 夜間娛樂 住宿 溫泉

INDEX

觀光景點 自然 體驗 散步 用餐

從地點搜尋

二条城、京都御所周邊

京都站周邊

金閣寺周邊

嵐山、嵯峨野

京都郊外

大原

宇治

貴船

伏見

 咖啡廳  購物  夜間娛樂  住宿 溫泉

來趟發現「心世界」的旅行

漫履慢旅

京都

休日慢旅②

【休日慢旅2】
京都
作者／JTB Publishing, Inc.
翻譯／賴惠鈴
校對／江宛軒
編輯／林德偉
發行人／周元白
排版製作／長城製版印刷股份有限公司
出版者／人人出版股份有限公司
地址／23145新北市新店區寶橋路235巷6弄6號7樓
電話／（02）2918-3366（代表號）
傳真／（02）2914-0000
網址／www.jjp.com.tw
郵政劃撥帳號／16402311人人出版股份有限公司
製版印刷／長城製版印刷股份有限公司
電話／（02）2918-3366（代表號）
經銷商／聯合發行股份有限公司
電話／（02）2917-8022
第一版第一刷／2016年10月
定價／新台幣320元

日本版原書名／マニマニ京都
日本版發行人／秋田 守
Manimani Series
Title: Kyoto

See you!